손맵핸드페인팅으로 배우는

3D 게임
캐릭터
모델링

3D 게임 캐릭터 모델링

초판 1쇄 인쇄 | 2020년 05월 05일
초판 1쇄 발행 | 2020년 05월 10일

지 은 이 | 김선욱
발 행 인 | 이상만
발 행 처 | 정보문화사

편 집 진 행 | 노미라

주   소 | 서울시 종로구 동숭길 113
전   화 | (02)3673-0037(편집부) / (02)3673-0114(代)
팩   스 | (02)3673-0260
등   록 | 1990년 2월 14일 제1-1013호
홈 페 이 지 | www.infopub.co.kr

I S B N | 978-89-5674-851-1

Game Character Modeling

손맵 핸드페인팅 으로 배우는

3D 게임
캐릭터
모델링

김선욱 지음

정보문화사
Information Publishing Group

머리말

3D 모델링에는 크게 두 가지 스타일이 있습니다. 손맵과 노멀맵 방식인데, 이 책에서는 손맵 분야를 다루고 있습니다. 필자가 손맵으로 3D 캐릭터를 시작할 때 막혔던 부분과 궁금했던 것들을 위주로 정리하였습니다. 그렇기 때문에 이 책으로 시작하는 독자들에게 조금이라도 도움이 되었으면 좋겠습니다.

이 책은 3D 캐릭터에 입문하는 사람들이 제작까지 완성할 수 있도록 튜토리얼 방식으로 설명하고 있기 때문에 최대한 많이 따라해보는 것을 권장합니다. 예제를 활용하는 데 사용된 프로그램은 3D MAX, 바디페인터, 포토샵, 마모셋 네 가지입니다. 이 프로그램들은 각 파트별 UI부터 차근차근 설명하고 있으니, 순서대로 익혀 나간다면 초보자들도 충분히 제작할 수 있을 것입니다. 또한 3D 캐릭터를 만들기 위해 필요한 프로그램을 다뤄본 적이 있는 사람이라면 조금 더 쉽게 접근할 수 있을 것입니다.

시간이 흐를수록 새로운 기술들과 툴 등 손맵 스타일을 제외한 다양한 것들이 엄청난 속도로 변화하고 진화하고 있습니다. 손맵은 특별한 기술이 필요하지 않습니다. 그만큼 손에 90% 이상 의존하는 방식으로, 그림을 그리는 것과 비슷하다고 생각하면 됩니다.

모델링, 스케치, 매핑, 컬러링에서 손맵의 장점은 손에서 나오는 감성 그리고 리소스를 관리하기 좋다는 점입니다. 그렇기 때문에 많은 프로젝트에서 사용하는 방식이기도 합니다. 손맵 스타일은 기본적이기도 하지만, 후반부로 갈수록 기본에 충실하지 못하는 경우가 많아 어려운 스타일이라고도 할 수 있습니다. 기본기를 제대로 익히면 색감이나 빛을 항시 생각해야 하므로 노멀 작업을 할 때도 많은 도움이 됩니다.

마지막으로 이 책을 쓸 수 있는 계기를 주신 TA 장홍주님, 예제의 마지막 캐릭터 디자인에 도움을 주신 아티스트 IZZ9님, 책이 완성되어 출간하기까지 도와주신 정보문화사, 집에서 많은 힘이 되어준 우리 가족에게 진심으로 감사드립니다.

김선욱

사용 프로그램 및 버전

3ds Max 2012
Cinema 4D R16(BodyPainter 3D)
Photoshop CS5
Marmoset 3.08

추천사

이 책은 캐릭터 모델링에 입문하는 사람들이나 실무자들이 좀 더 빠르고 높은 퀄리티의 캐릭터를 제작할 수 있도록 도와주며, 혼자 포트폴리오를 준비하거나 공부하며 생겼던 고민을 해결할 안내서가 될 것이다. 다년간의 실무를 경험하며 쌓은 저자의 노하우들이 아낌없이 들어 있어 중요한 가이드라인을 제시할 것이라 생각한다.

▶ NXU 대표 윤상혁

기초부터 친절한 설명으로 3D 캐릭터를 처음 시작하는 사람들에게 좋은 안내서가 될 것이다.

▶ EnjoyCG 원장 전제훈

3D 모델링 아티스트로 성장하고 싶은 초보자들, 기초는 알지만 실력을 좀 더 향상하고 싶은 중급자들에게 추천한다. 지루하고 어려운 이론을 보고 공부하기보다는, 직접 나만의 캐릭터를 그려가며 경험하고 학습하는 것이 최고의 지름길이라 생각한다. 수많은 현업 프로젝트를 경험하며 갈고닦은 노하우를 바탕으로 핵심만을 요약해놓았기 때문에 이 책을 마스터한다면 어느덧 모니터 속 나만의 캐릭터를 보며 흐뭇해하고 있지 않을까? 모델링은 3D 그래픽의 뼈대이며 기반과 같은 분야이다. 수많은 예비 3D 모델링 아티스트들이 이 책과 함께 화이팅하길 바란다.

▶ 네오위즈 스노우볼 스튜디오 실장 임우재

목차

목차

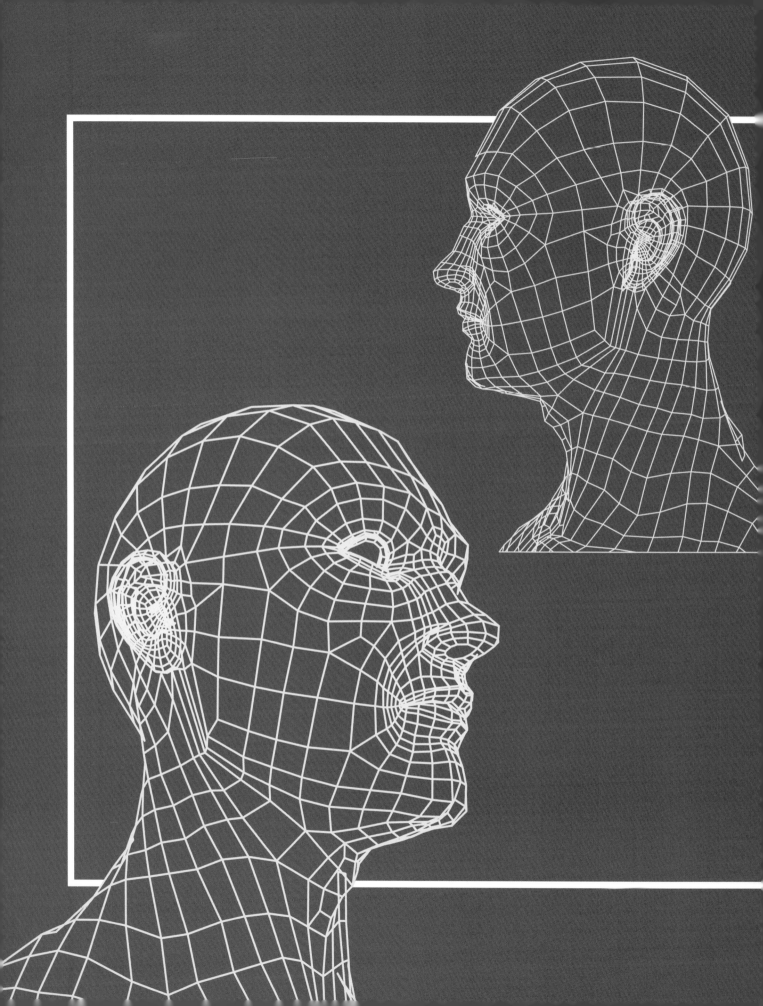

P A R T
01

3D MAX

3D MAX는 게임업계뿐만 아니라 많은 분야에서 사용되고 있으며, 게임을 개발할 때 국내에서 가장 많이 사용하는 프로그램입니다. 하지만 아무것도 모르는 상태로 혼자서 시작하기에는 무리가 있습니다. 이번 파트에서는 '프로그램을 열면 무엇부터 해야 할까?'라는 생각을 하며 3D MAX에 처음 발을 들인 초심자를 위해 예제를 통한 툴 사용법을 알아보겠습니다.

1 UI(User Interface)

3D MAX를 처음 접하는 입문자라면 실행 후 처음 보이는 인터페이스를 어디에 써야 하는
지, 모두 다 알아야 하는 것인지 궁금할 수 있습니다.

실무에서 사용하는 3D 파트는 간단히 3D 모델러, 3D 이펙터, 3D 애니메이터로 나눌 수 있
는데, 자신이 사용하고자 하는 파트에서 필요한 부분만 숙지하면 됩니다. 따라서 이 책에서
소개하는 캐릭터 모델링은 필자가 실무에서 쓰는 커맨드와 툴 위주로 설명하겠습니다(작업
자에 따라 사용하는 기능과 방법에는 약간의 차이가 있을 수 있습니다).

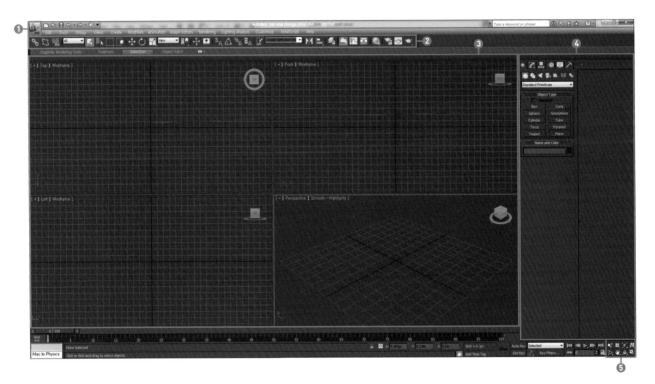

3D MAX를 실행하면 위와 같은 화면이 나타납니다. 기본 인터페이스에 대해 알아보겠습
니다.

❶ File : 파일을 불러오거나 저장합니다.

❷ Main Tool Bar : 모델링 및 애니메이션 랜더 재질 편집을 위한 기본 툴이 포함되어 있습니다.

❸ View Port : 모델링을 할 때 도면과 같이 방향성 있는 뷰를 보여주며, 공간에서 입체적인
모양을 확인할 수 있습니다.

❹ Command Panel : 기본적인 편집 메뉴를 확인할 수 있으며, 차후 모델링을 하는 데 주된
편집 메뉴들을 컨트롤할 수 있습니다.

❺ Viewport Control : 뷰포트를 컨트롤하는 기능이 모여 있습니다.

1-1 파일(File)

파일 메뉴부터 자세하게 살펴보겠습니다.

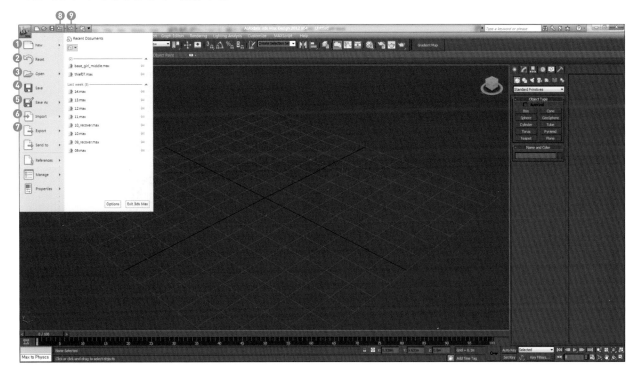

❶ 🗋 New : 새로운 창을 불러옵니다.

❷ 🗘 Reset : 맥스 창을 초기화합니다(작업 중 오류 발생 시 리셋을 해도 오브젝트의 오류
가 해결되지 않는 경우가 있습니다. 이럴 때는 Export에서 확장자를 OBJ 파일로 저장했
다가 다시 불러오면 대부분 해결됩니다).

❸ 📂 Open : 3D MAX 파일을 불러올 때 사용합니다.

❹ 💾 Save : 3D MAX 파일로만 저장합니다.

❺ 🖫 Save As : 저장된 파일을 다른 이름으로 저장합니다.

❻ ⬈ Import : 3D MAX 파일이 아닌 다른 확장자로 되어 있는 파일을 불러올 때 사용합니다.

❼ ⬊ Export : 3D MAX 파일이 아닌 다른 확장자로 저장할 때 사용합니다.

❽ ⬅ Undo : 작업 중 실수를 하거나 문제가 생겼을 경우 이전 작업 단계로 되돌립니다.

❾ ➡ Redo : Undo를 실행한 후 이를 취소하고 싶을 때 사용합니다.

1-2 메인 툴바(Main Tool Bar)

① **Select and Link** : 오브젝트 간 Parents와 Child를 만들어 계층 구조를 만듭니다.

② **Unlink Selection** : Select and Link와는 반대로 계층 구조를 끊는 기능입니다.

③ **Selection Filter** : 뷰포트 안에 있는 서로 다른 종류의 세팅 및 오브젝트를 종류별로 선택할 수 있습니다.

④ **Select Object** : 순수하게 선택만을 하기 위한 메뉴입니다(Move 혹은 Scale 등을 사용해서 선택을 하다 보면 미묘하게 위치가 틀어지거나 크기가 달라지는 경우가 있기 때문에 자주 쓰이지는 않습니다).

⑤ **Select by Name** : 생성된 오브젝트들은 고유 이름을 가지거나 만들 수 있는데, 해당 이름을 가지고 선택하는 기능입니다.

⑥ **Selection Region** : 오브젝트를 선택할 때 종류를 정할 수 있습니다. Selection Region 아이콘을 누르고 있으면 나타나는 메뉴()에서 필요한 상황에 맞는 메뉴를 선택합니다.

⑦ **Window/Crossing** : 오브젝트를 셀렉션 영역에 걸쳐도 선택할 수 있는 기능이며, 클릭하면 아이콘이 바뀝니다(). 바뀐 아이콘을 보면 알 수 있듯이 오브젝트가 셀렉션 영역 안에 들어가야 선택할 수 있습니다(자주 사용하지는 않지만 종종 필요한 경우가 있으므로 알아두면 좋습니다).

⑧ **Select and Move** : 오브젝트 및 그 밖의 여러 가지를 X, Y, Z축 방향으로 움직일 수 있습니다.

두 축 사이에 있는 사각형을 클릭해서 움직이면 두 개의 축 방향 내에서 자유롭게 움직일 수 있습니다.

⑨ **Select and Rotate** : 오브젝트 및 그 밖의 여러 가지를 X, Y, Z축 방향으로 회전시킬 수 있습니다.

빨간 점으로 표시된 부분처럼 축이 아닌 축 사이를 클릭해서 돌려주면 축의 영향을 받지 않고 자유롭게 회전시킬 수 있습니다.

⑩ **Select and Uniform Scale** : 오브젝트 및 그 밖의 여러 가지를 X, Y, Z축 방향으로 크기를 변형할 수 있습니다. 두 축 사이의 빨간 점을 클릭해서 움직이면 두 축 방향의 크기를 자유롭게 변형할 수 있으며 파란 점 부분, 즉 X, Y, Z축의 가운데 부분을 클릭해서 움직이면 전체 크기를 자유롭게 변형할 수 있습니다.

⑪ **Reference Coordinate System** : Move, Rotate, Scale을 컨트롤할 때 중심축을 상황에 맞게 변화시켜 쓰는 기능입니다. 메뉴를 클릭하면 기본 8가지 메뉴인 View,

Screen, World, Parent, Local, Gimbal, Grid, Working과 Pick 메뉴가 나옵니다. 여기서는 View, Screen, Local, Gimbal 4가지 정도만 숙지하는 것으로 충분합니다.

- **View** : 3D MAX에서 기본적으로 사용하는 축 타입입니다.

- **Screen** : 내가 보는 화면과 뷰포트를 기준으로 축이 정면으로 고정되는 축 타입입니다.

- **Local** : 뷰포트가 기준이 아닌 오브젝트가 가지고 있는 축 방향을 중심으로 움직일 수 있게 하는 축 타입입니다.

- **Gimbal** : 오브젝트에도 쓰이긴 하지만 주로 셀렉트 메뉴의 Vertex, Edge, Polygon을 오브젝트가 가지고 있는 축 방향에 맞게 움직일 수 있게 해주는 축 타입입니다.

⑫ • **Use Pivot Point Center** : 여러 개의 오브젝트를 선택했을 때 기준축을 사용하거나 각 오브젝트들이 축을 사용할 수 있게 해줍니다.

- **Use Selection Center** : 여러 개의 오브젝트를 선택했을 때 선택된 오브젝트의 중심을 기준으로 움직일 수 있게 해줍니다.

⑬ **Keyboard Shortcut Override Toggle** : Modifier와 겹치는 단축키를 분리하기 위한 기능을 합니다.

⑭ **Snaps Toggle** : 메뉴에서 마우스 오른쪽 버튼을 클릭하면 다음과 같은 설정 창이 나옵니다. 메뉴에서 필요한 부분을 체크합니다. Vertex를 선택한 경우, 이동할 Vertex를 옮기고자 하는 Vertex 근처에 가져가면 자석처럼 달라붙는 기능을 해서 보다 정확하게 움직일 수 있습니다.

⑮ **Angle Snaps Toggle** : 오브젝트를 회전시킬 때 일정 각도로 회전할 수 있도록 돕는 기능을 합니다.

⑯ **Percent Snaps Toggle** : 스케일을 컨트롤할 때 설정한 기준치에 맞게 크기를 변화시킬 수 있습니다.
여기에서는 Percent가 10으로 설정되어 있습니다. 이와 같은 경우, 스케일 컨트롤 시 10단위로 오브젝트의 크기가 커지거나 줄어듭니다. 20으로 바꿀 시 20단위 기준으로 크기를 조정합니다.

⑰ **Mirror** : 선택한 오브젝트를 대칭으로 복사하는 메뉴입니다.
메뉴를 클릭하면 No clone, Copy, Instance, Reference 4개의 메뉴가 나타납니다.

- **No clone** : 축의 반대 방향으로 오브젝트가 이동합니다.

- **Copy** : 축의 반대 방향에 독립된 개체를 복사합니다.
- **Instance** : 축을 중심으로 반대 방향에 서로 영향을 줄 수 있는 개체를 복사합니다.
- **Reference** : 축을 중심으로 반대 방향에 똑같은 오브젝트를 만듭니다. 만들어진 오브젝트는 원본 오브젝트에 영향을 줄 수 없지만 원본 오브젝트는 만들어진 오브젝트에 영향을 줄 수 있습니다.

⑱ ▣ **Align** : 선택한 오브젝트를 원하는 오브젝트의 X, Y, Z에 맞게 정렬합니다.

⑲ ▦ **Material Editor** : 재질을 편집하는 역할을 합니다. Material Editor는 이후 매핑을 다루면서 좀 더 자세하게 설명하겠습니다.

2 에디터블 폴리(Editable Poly)

모델링을 할 때 가장 많이 사용하는 메뉴인 에디터블 폴리에 대해 알아보겠습니다.

먼저 박스를 하나 생성해보겠습니다. 앞서 설명했던 커맨드 패널 쪽을 보면 기본 오브젝트를 생성할 수 있는 여러 가지 오브젝트 메뉴가 있습니다. 우선 박스를 하나 꺼냅니다.

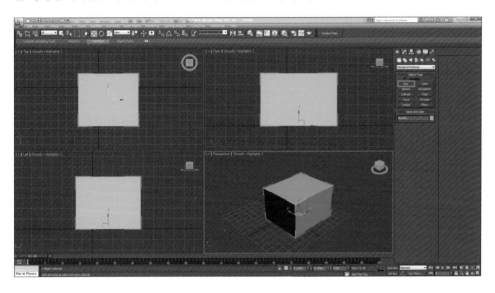

박스를 선택한 상태에서 마우스 오른쪽 버튼을 클릭하면 위의 그림과 같이 [Convert to editable poly] 메뉴가 나옵니다. [Convert to editable poly]를 선택합니다.

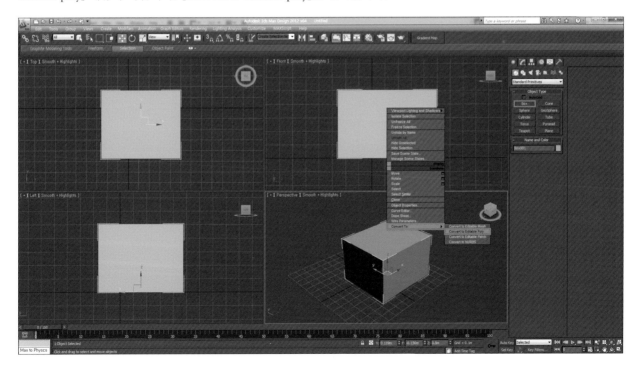

커맨드 패널의 메뉴가 바뀐 것을 볼 수 있습니다. 여기서 Editable Poly 메뉴에 대해 알아보
겠습니다.

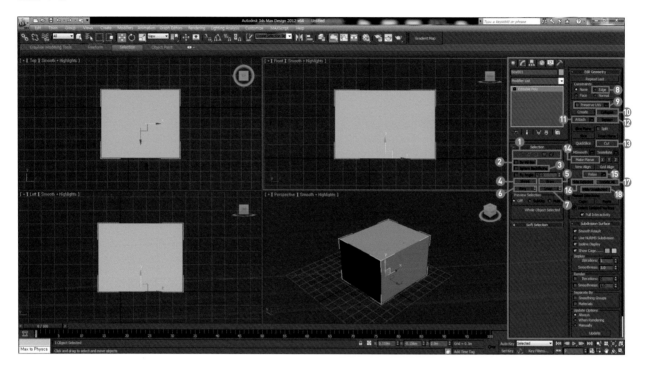

❶ Section의 5가지 메뉴입니다.

- **Vertex** : 점 단위를 컨트롤할 수 있는 메뉴입니다.

- **Edge** : 선 단위를 컨트롤할 수 있는 메뉴입니다.

- **Boder** : 막혀 있지 않은 Edge 단위를 묶어서 컨트롤할 수 있는 메뉴입니다.

> **TIP**
>
> Vertex가 제대로 붙어 있지 않거나 면이 제대로 붙지 않아 뚫린 부분을 찾을 때 사용합니다. 필자의
> 경우 모델링을 마치면 Ctrl+A를 눌러 전체 선택을 합니다. 면이 제대로 붙지 않은 상태로 마무리
> 할 경우, 애니메이션 파트로 넘길 때 문제가 발생합니다. 항상 뚫린 면이 없는지 확인하는 습관을 들
> 이는 것이 좋습니다.

- **Polygon** : 면 단위로 컨트롤할 수 있는 메뉴입니다.

- **Element** : 물체 단위로 컨트롤할 수 있는 메뉴입니다.

❷ By Vertex : 엣지(Edge)와 폴리(Poly) 단위를 버텍스(Vertex) 기준으로 선택하는 기능입니다.

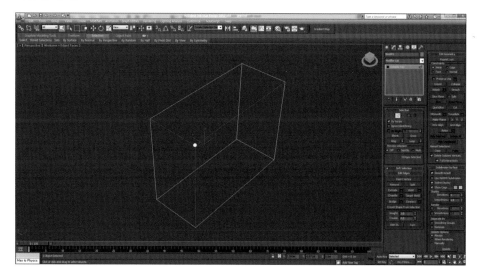

엣지로 선택하되 By Vertex를 켜놓은 상태에서 흰색 점으로 표시한 곳을 클릭하면 다음과 같이 버텍스를 기준으로 엣지를 선택할 수 있습니다. 또 다른 방법으로는, 버텍스를 클릭하고 Ctrl + Edge를 클릭해도 됩니다.

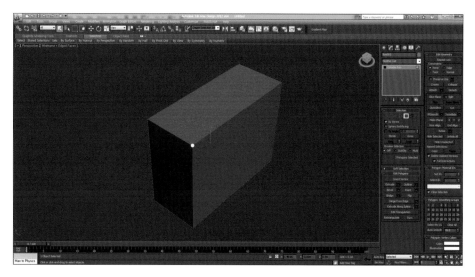

엣지와 동일한 방법으로 폴리 단위를 선택하는 예시입니다. Ctrl + 클릭하는 방법 역시 동일합니다.

③ `Ignore Backfacing` **Ignore Backfacing** : 바라보고 있는 스크린을 기준으로 드래그 선택을 했을 때, 화면에서 보이지 않는 영역이 선택되지 않게 하는 기능입니다.

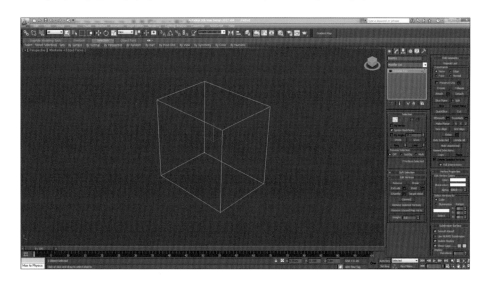

버텍스 예시입니다. 다른 셀렉션 메뉴에서도 동일하게 적용됩니다.

④ `Shrink` **Shrink** : 선택되지 않은 부분을 기준으로 선택 영역을 빼나가는 방식입니다.
단, 전체가 선택되어 있는 경우에는 선택 영역이 빠지는 기준이 없기 때문에 적용되지 않습니다.

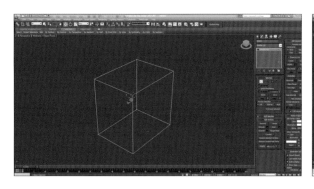 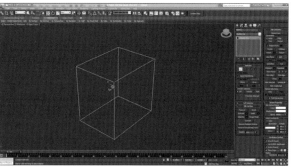

빨간색으로 표시된 부분을 보면 가운데 버텍스를 빼놓은 것이 보입니다. 빠진 버텍스에 연결되어 있는 엣지를 기준으로 버텍스가 빠진 것을 볼 수 있습니다.
다른 셀렉션 메뉴에서도 동일하게 적용됩니다(Element 단위 제외).

⑤ `Grow` **Grow** : Shrink와는 반대로 선택된 부분을 기준으로 선택 영역을 늘려나가는 방식입니다. 아무것도 선택되어 있지 않을 경우, 늘어나야 할 기준이 없기 때문에 적용되지 않습니다.

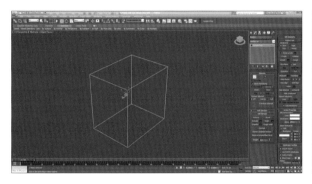
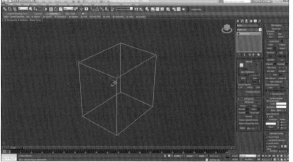

빨간색으로 표시된 부분을 보면 가운데 버텍스가 선택되어 있는 것을 볼 수 있습니다. 선택된 버텍스에 연결되어 있는 엣지를 기준으로 버텍스의 영역이 늘어나는 것을 볼 수 있습니다.

다른 셀렉션 메뉴에서도 동일하게 적용됩니다(Element 단위 제외).

⑥ `Ring` **Ring :** 엣지 메뉴에서만 적용되며 선택한 엣지를 기준으로 회전하듯이 선택됩니다.

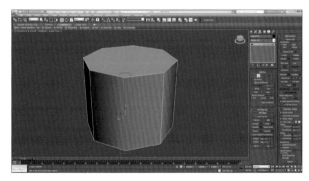
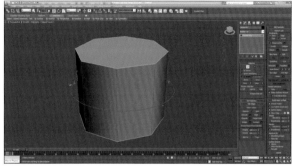

⑦ `Loop` **Loop :** 엣지 메뉴에서만 적용되며 선택한 엣지를 기준으로 선이 뻗어 나가는 방향에 맞춰 선택됩니다.

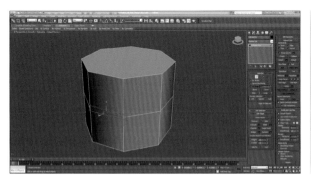
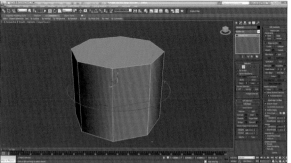

❽ **Constraints Edge** : Constraints 메뉴에서는 Edge 메뉴만 알아두면 됩니다. Constraints는 제약, 제한이라는 의미로 단어 그대로의 기능을 합니다.

엣지를 선택하면 엣지 안에서만 움직일 수 있습니다. 이 기능은 활용도가 높아서 자주 사용됩니다.

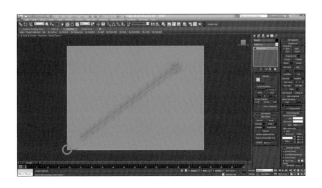

버텍스를 화살표 방향으로 움직일 때, 사람의 손으로는 오차가 발생하기 때문에 깔끔하고 정확하게 움직일 수 없습니다. 따라서 Constraints의 Edge Connect 기능을 사용하여 엣지를 생성해줍니다. 그다음 대각선 방향으로 버텍스를 움직여보면 엣지를 따라 움직이는 것이 보입니다. 반면에 엣지의 바깥으로도 움직이지 않는 것을 알 수 있습니다.

 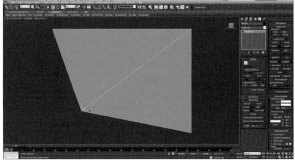

❾ 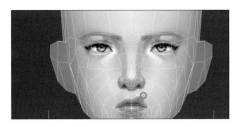 **Preserve UVs** : 차후 설명할 내용인 UV와 관련된 메뉴입니다. 모델링 이후 매핑을 할 때 모델링과 UV가 매칭되지 않는 경우가 있습니다. 이때 버텍스를 움직이면 매핑도 따라 움직이는데, 매핑한 것을 고정하고 모델링만 컨트롤할 수 있는 기능입니다.

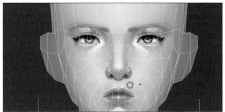

Preserve UVs / Off   Preserve UVs / On

⑩ Collapse **Collapse** : 두 점 이상을 선택할 때 중간 지점으로 합쳐주는 기능을 합니다. 이 기능은 엣지와 폴리에서도 적용할 수 있습니다. 선은 점이 두 개이고 면은 점이 세 개 이상이라 생각하면 쉽게 이해할 수 있습니다.

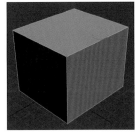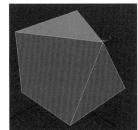

⑪ Attach **Attach** : 별개의 오브젝트를 같은 개체의 오브젝트로 컨트롤할 수 있게 붙여주는 기능입니다.

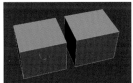

⑫ Detach **Detach** : 같은 개체의 오브젝트를 별개의 오브젝트로 떨어뜨리는 역할합니다.

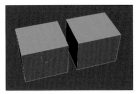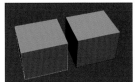

⑬ Cut **Cut** : 엣지에서만 사용하는 기능입니다. 자유롭게 엣지를 생성할 경우에 사용합니다.

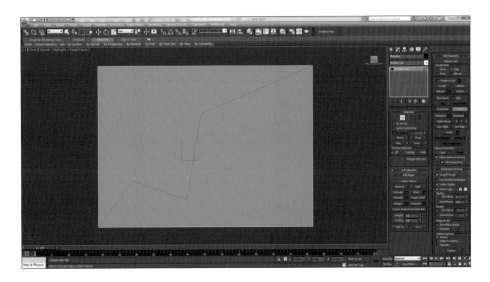

⑭ Make Planar **Make Planar** : Vertex, Edge, Polygon 메뉴에서 사용할 수 있으며 두 점 이상 선택되었을 경우에 X, Y, Z축 방향에 맞춰 납작하게 누르듯이 정렬하는 기능입니다.
한 가지 주의해야 할 사항은 축이 명확하게 있어야 한다는 점입니다. 축이 기울었거나 이상한 방향으로 틀어져 있으면 정확한 방향으로 정렬되지 않습니다.

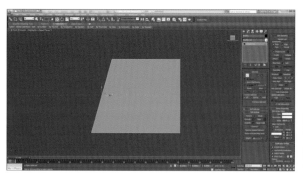
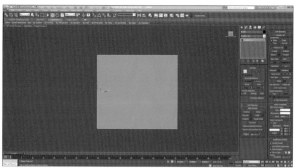

⑮ `Relax` **Relax** : 정리되지 않은 버텍스와 엣지, 폴리곤을 균일하게 정리하는 기능입니다. 단, 정리가 되면서 실루엣이 틀어지기 때문에 모델링을 하는 사이사이 정리하는 것이 좋습니다.

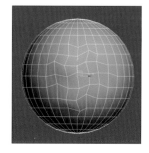
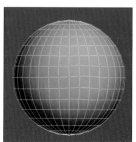

⑯ `Hide Selected` **Hide Selected** : 선택된 영역을 숨기는 기능입니다.

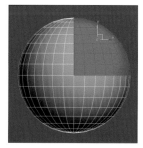
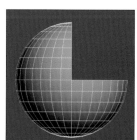

⑰ `Unhide All` **Unhide All** : 숨겨진 영역을 다시 보이게하는 기능입니다.

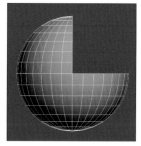
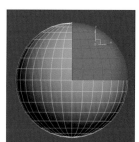

⑱ `Hide Unselected` **Hide Unselected** : 선택된 부분 이외의 영역을 숨기는 기능입니다.

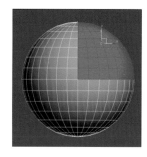

2-1 ▶ 버텍스(Vertex)

Selection 메뉴에는 각각의 고유 편집 기능이 있습니다. 그 편집 기능에 대해 알아보겠습니다.

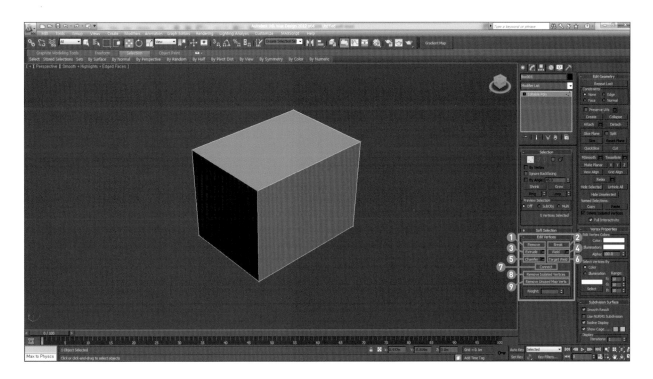

① **Remove** Remove : 선택한 버텍스를 지우지만 면은 지우지 않습니다(Delete를 누르면 면까지 함께 지워집니다).

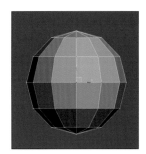
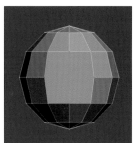

② **Break** Break : 붙어 있는 점을 떨어뜨리는 기능을 합니다.

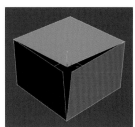

③ **Extrude** **Extrude** : 선택된 점을 뽑아 올려 새로운 면을 만듭니다.

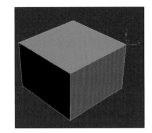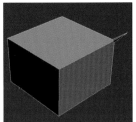

④ **Weld** **Weld** : 두 개 이상의 점이 선택되어 있을 때 세팅된 영역 안에 있을 경우 선택된 점들을 붙여줍니다.

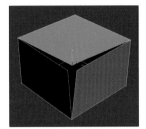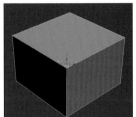

⑤ **Chamfer** **Chamfer** : 선택된 점을 연결된 엣지 방향으로 벌려줍니다.

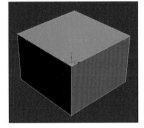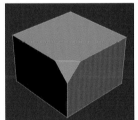

⑥ **Target Weld** **Target Weld** : 선택된 점을 원하는 점에 가져다 붙이는 역할을 합니다.

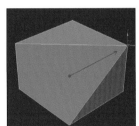

⑦ **Connect** **Connect** : 선택된 점과 점들을 엣지를 생성해서 연결합니다.

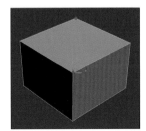

⑧ `Remove Isolated Vertices` **Remove Isolated Vertices :** 간혹 오브 젝트에 붙어 있지 않고 뷰포트 안에 떠 있는 점들을 알아서 정리하는 기능을 합니다. 필자는 모델링이 끝나면 항상 Boder와 Remove Isolated Vertices를 이용해 마무리 확인을 합니다.

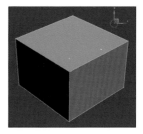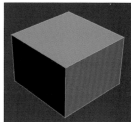

⑨ `Remove Unused Map Verts` **Remove Unused Map Verts :** 매핑 진행 시 매핑이 적용되지 않는 점 을 삭제하는 기능입니다.

2-2 엣지(Edge)

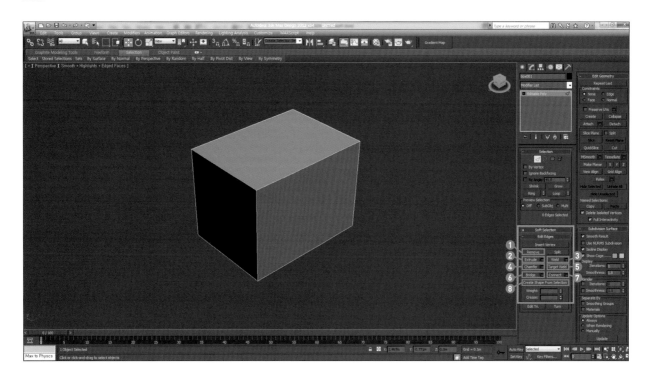

① `Remove` **Remove :** Vertex Remove와 동일한 기능입니다. 엣지를 지우지만 면은 그대로 남아있으며 Delete 를 사용하 면 면까지 지워집니다.

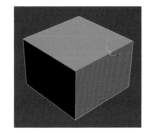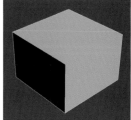

② `Extrude` ◻ **Extrude** : 선택된 엣지를 뽑아 올려 새로운 면을 생성합니다.

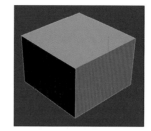 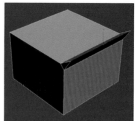

③ `Weld` ◻ **Weld** : 막힌 면 없이 뚫려 있는 상태에서만 사용할 수 있는 기능으로, 둘 이상의 엣지를 선택한 후 사용하면 두 엣지의 중간 지점에서 달라붙습니다.

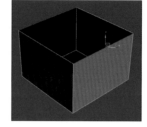 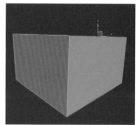

> **TIP**
>
> Edge Weld를 사용할 경우 원하는 느낌으로 정교하게 달라붙지는 않습니다. Weld 계열의 메뉴는 버텍스에서 사용하는 것을 권장합니다.

④ `Chamfer` ◻ **Chamfer** : 선택된 엣지를 버텍스 기준으로 연결되어 있는 엣지를 따라 벌려주는 메뉴입니다.

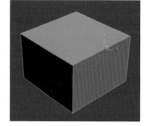 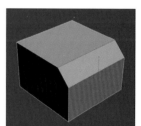

⑤ `Target Weld` **Target Weld** : 선택된 엣지를 원하는 엣지의 위치에 가져다 붙여줍니다(Weld 메뉴에서 설명한 것과 동일한 부분이지만 원하는 느낌으로 붙지 않기 때문에 버텍스 메뉴에서 사용하는 것을 권장합니다).

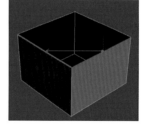 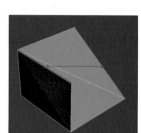

⑥ `Bridge` ◻ **Bridge** : 엣지와 엣지를 연결해서 면을 생성합니다.

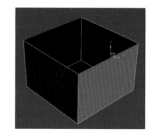 

⑦ Connect 🔳 Connect : 엣지와 엣지 사이를 연결하는 엣지를 생성합니다.

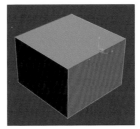

⑧ Create Shape From Selection Create Shape From Selection : 선택된 엣지를 Shape 타입으로 바꿔줍니다.

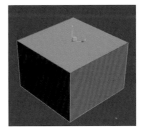
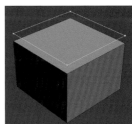

2-3 ▶ 보더(Boder)

Boder 메뉴에서는 Cap 메뉴만 숙지하면 됩니다. 나머지 기능은 Edge와 동일합니다.

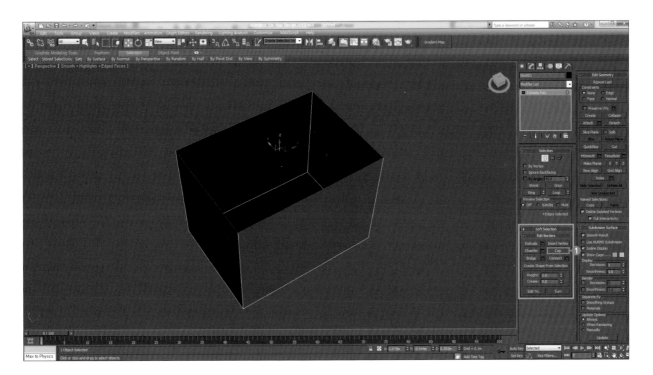

❶ **Cap** Cap : 뚫려 있는 엣지를 선택해서 막아주는 역할을 합니다.

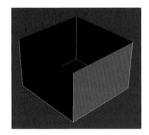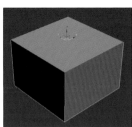

2-4 폴리곤(Polygon)

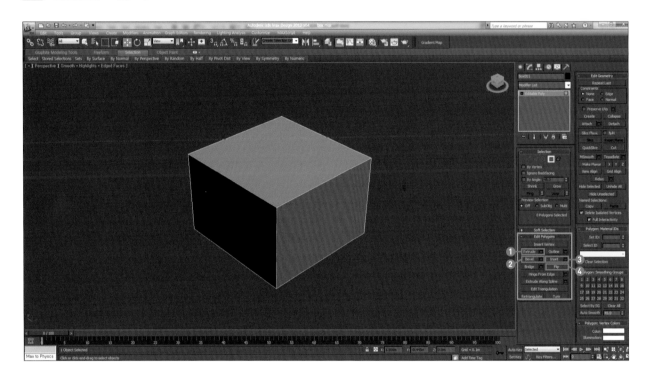

❶ **Extrude** Extrude : 선택한 면을 입체감 있게 뽑아올립니다.

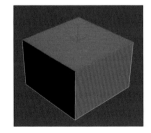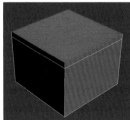

② **Bevel** ◘ Bevel : 선택한 면을 입체감 있게 뽑아올린 다음 스케일을 조정합니다. Extrude 후 스케일 메뉴를 사용하여 조정하는 것과 똑같지만 클릭 한 번으로 두 기능을 실행할 수 있어 간편하다는 장점이 있습니다.

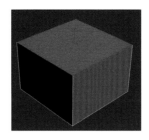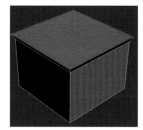

③ **Inset** ◘ Inset : 선택된 면을 기준으로 안쪽에 면을 하나 만듭니다.

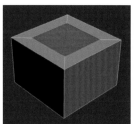

④ **Flip** Flip : 선택된 면을 뒤집어줍니다.

마지막으로 Elements 단위 편집 기능이 있으나, 이는 셀렉션 기능 이외에 거의 사용되지 않으므로 생략하겠습니다.

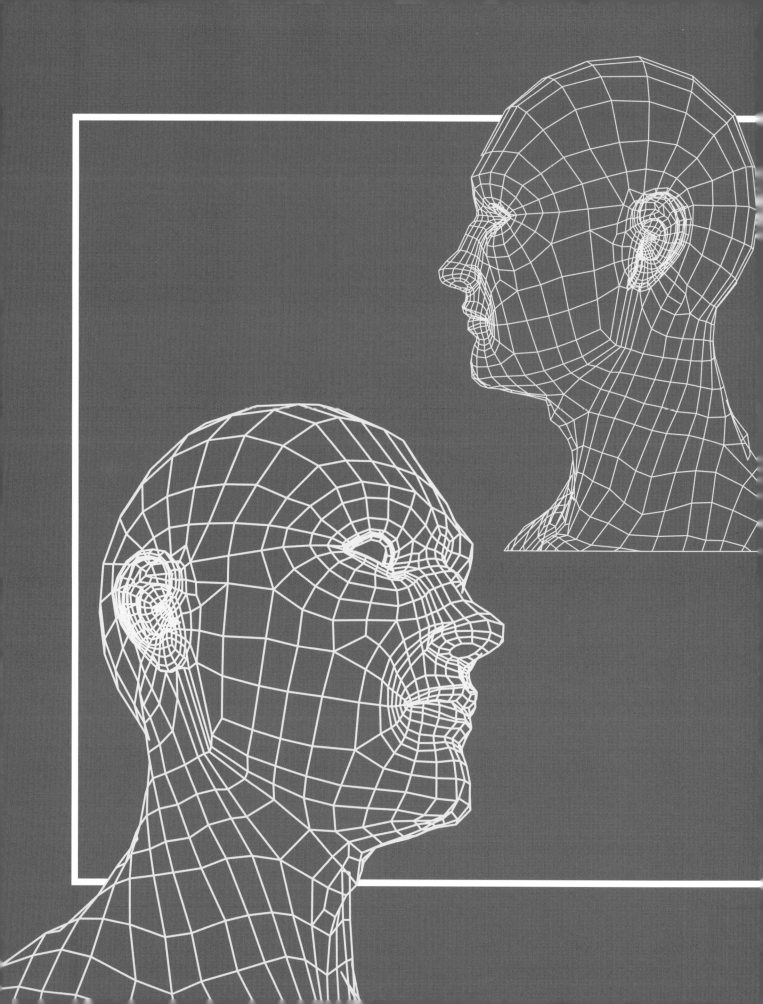

모델링

모델링은 기본적으로 실제 그림을 그릴 때 스케치를 하는 것과 같다고 볼 수 있지만, 입체적으로 접근해야 하므로 많은 연습과 공부가 필요한 작업입니다. 이를 위해 모델링의 기본적인 사항부터 알아보도록 하겠습니다. 이번 파트에서는 모델링을 할 때 필요한 요소와 기본적인 와이어의 흐름에 대해 설명합니다. 간단한 예제를 통해 모델링을 하는 과정을 알아보고, 모델링 이후 매핑을 하기 위한 UV 작업에 대해 배워보겠습니다.

1 모델링(Modeling)

3D 작업에서의 모델링이란 실제 그림에서의 스케치와 똑같은 역할을 합니다. 매핑을 예쁘게 하는 것만으로 3D 작업물이 좋아지는 것은 아닙니다.

3D 작업물은 전방향을 활용할 수 있는 작업물이기 때문에 한 화면에 연출하는 2D 작업과는 크게 차별화됩니다. 따라서 어떤 방향으로 돌려보아도 어색하지 않은 모델링을 만들어내는 것이 중요합니다.

게임 개발을 하다 보면 엔진을 다루게 되는데, 대부분 그 안에 쉐이더를 사용하게 됩니다. 손맵 작업에서는 보통 간결하게 작업하는 FLAT VIEW 모드를 사용하는데, 기본적으로 손맵에서는 플랫 쉐이딩을 이용하여 작업하는 것이 원칙입니다. 쉐이더를 적용하게 되면 그려 놓았던 매핑들이 쉐이더에 묻혀 잘 보이지 않게 됩니다.

▼ 예제 파일 : Mask

Flat View

Shader View

손맵에서는 기본적으로 쉐이딩을 직접 손으로 표현합니다. 그렇다면 왜 쉐이더를 사용하는지에 대한 의문을 가질 수 있습니다. Flat View를 사용하는 엔진도 있을 것입니다. 하지만 쉐이더를 사용하면 엔진 특성에 맞는 표현이나 라이트의 반응 그림자 등을 사용하는 것과 같은 여러 가지 이점이 많습니다. 모델링의 흐름이 부드럽지 않으면 쉐이더를 사용했을 경우 검게 타거나 열심히 매핑으로 표현했던 부분들이 빛을 발하지 못하게 됩니다.

1-1 ▶ 모델링 와이어의 흐름

모델링에서 가장 처음 예로 드는 부분은 Sphere입니다. 모델링의 흐름을 이해하는 데 굉장히 좋은 예라 할 수 있습니다.

화살표 방향으로 흐르는 방향에 맞게 교차되어 표시된 빨간 선들을 보면 화살표가 가는 방향을 바라보고 있다는 생각을 할 수 있습니다. 이것이 기본적인 흐름의 첫 번째입니다.

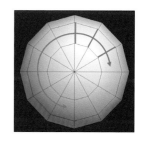

화살표 방향을 보면 와이어의 흐름이 방사형으로 퍼져 나가는 것을 볼 수 있습니다.
이 부분이 기본적인 와이어 흐름의 두 번째입니다. 이때 가능한 한 면을 균일한 크기의 간격으로 쓰는 것을 추천합니다. 이 부분은 나중에 폴리곤 수의 최적화와 관련되는 부분이기도 합니다.

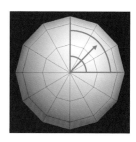

1-2 ▶ 무기 모델링

예제를 통해 모델링의 흐름과 툴에 대해 알아보겠습니다. 먼저 이미지가 들어있는 폴더를 엽니다. 이미지 파일에서 마우스 오른쪽 버튼을 클릭해 [속성]으로 들어가서 [자세히] 탭을 클릭하면 이미지의 파일 크기를 확인할 수 있습니다. 창 하단에 사진 크기가 570×2475이 표시되는 부분이 보입니다.

이 부분을 3D MAX에서 이미지 사이즈에 맞는 플랜을 생성해줍니다.

▼ 예제 파일 : Sword

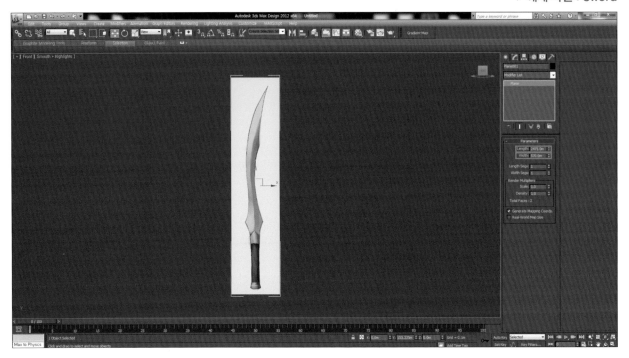

만들어진 플랜에 이미지를 드래그합니다. Width가 570, Length가 2475로 쓰여진 것을 볼 수 있습니다. 플랜의 모디파이어에서 확인해보면 밑에 있는 Width의 수치가 앞에 표기됩니다. 연습 삼아 그냥 모델링을 하는 분들도 많지만, 필자의 경우 도면과 같이 모델링을 하기 전에 항상 작업을 위한 디자인을 띄워놓습니다.

다음은 같이 클릭되는 것을 막기 위해 Freeze Selection을 적용하는 방법을 알아보겠습니다. 우선 Freeze Selection을 하면 어떻게 되는지 실행해보겠습니다.

플랜에서 마우스 오른쪽 버튼을 클릭한 후 [Freeze Seletion]을 선택하면 생성된 플랜이 클릭
되지 않고 그레이 컬러로 보입니다.

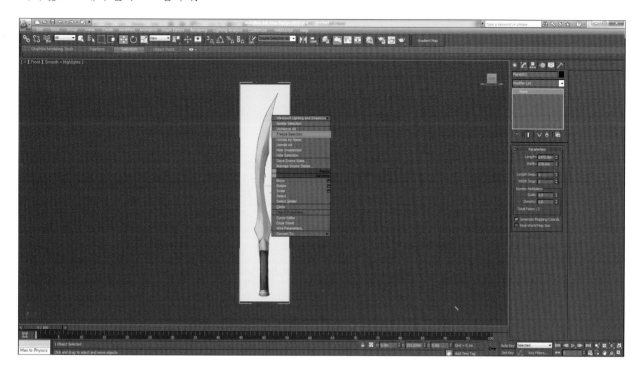

프리징된 오브젝트를 다시 풀어주기 위해 플랜에서 마우스 오른쪽 버튼을 클릭하고
[Unfreeze All]을 누르면 프리징된 오브젝트가 다시 원래대로 돌아옵니다.

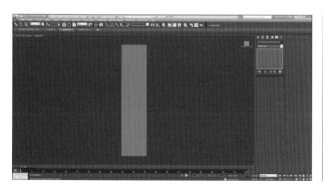 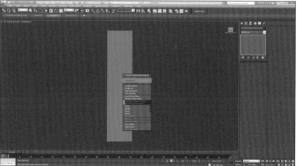

원래대로 돌아온 후 생성된 플랜에서 마우스 오른쪽 버튼을 클릭하면 다음과 같은 메뉴가
나옵니다. 메뉴에서 [Object Properties]를 클릭합니다.

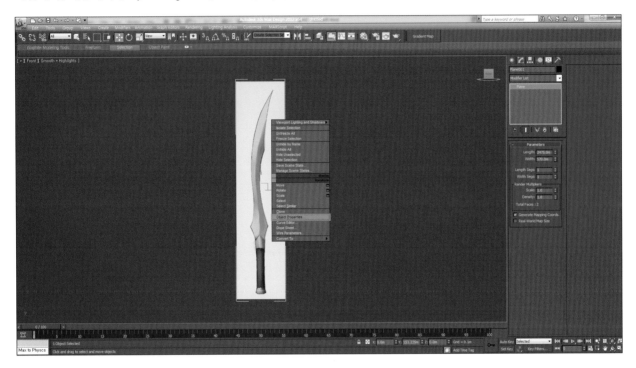

Object Properties 창이 열리면 Show Frozen in Gray의 체크를 해제합니다.

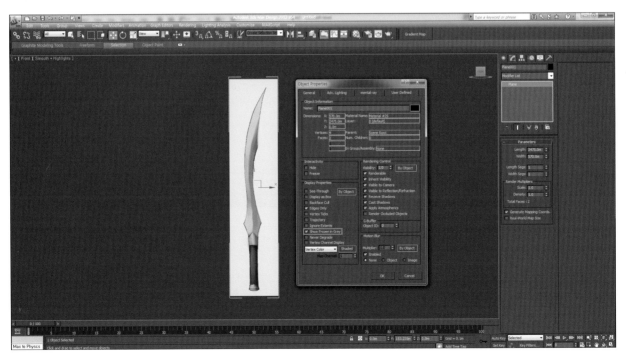

Freeze Selection을 적용하기 위한 세팅이 완료되었으므로 다시 마우스 오른쪽 버튼을 클릭하고 [Freeze Seletion]을 클릭합니다.

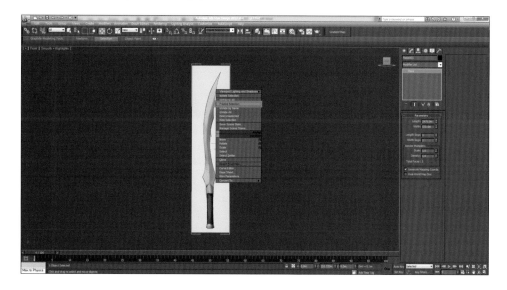

모델링을 하기 위한 밑작업을 완료했으므로, 이제 예제 모델링을 만들어보겠습니다. 먼저 세팅된 뷰포트에서 폴리곤을 생성합니다. 생성한 폴리곤을 클릭한 상태에서 [Alt]+[X]를 누르면 다음과 같이 투명한 상태로 바뀌는 것을 볼 수 있습니다. 여기서부터는 앞서 Sphere를 가지고 설명한 내용을 적용하면서 모델링을 해보겠습니다.

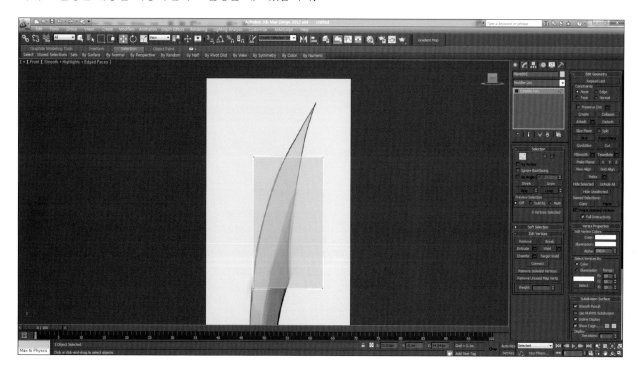

면을 생성할 때는 엣지를 선택한 후 Shift+드래그합니다. 화살표로 표시된 부분을 보면 날의 흐름에 맞게 모델링되는 것을 볼 수 있습니다. Sphere에서 설명한 것과 같이 폴리곤이 흐르는 방향에 맞게 모델링을 해줍니다.

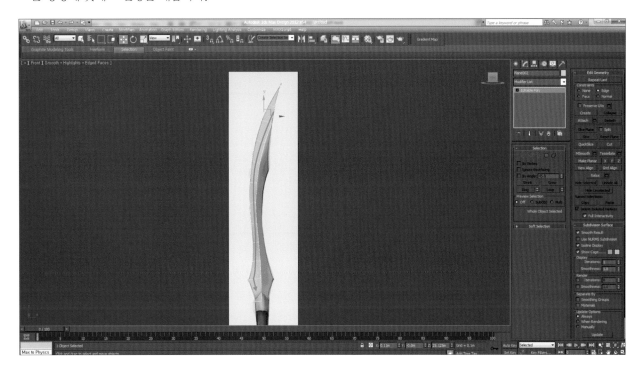

반대편 날 역시 똑같은 방법으로 모델링합니다.

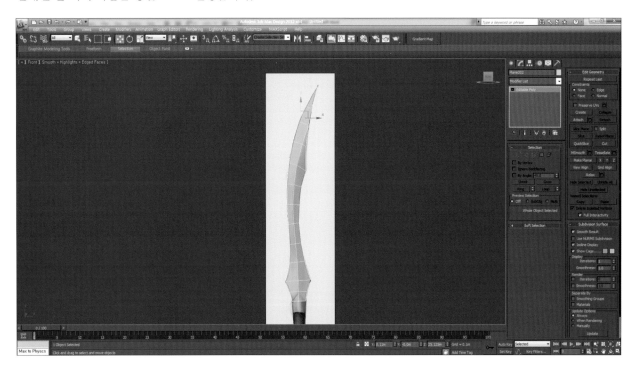

납작한 형태의 폴리곤으로 시작했기 때문에 Top View에서 보면 납작한 상태입니다.

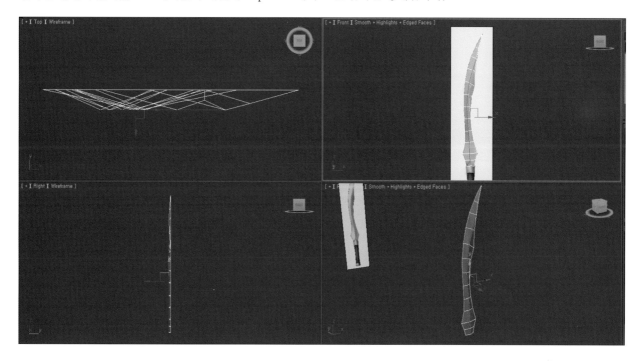

날의 가운데 엣지 부분을 들어올려줍니다.

표시된 버텍스도 움직여서 날의 두께 부분을 표시할 수 있게 합니다. 그리고 두께가 될
부분을 막아줍니다. 날의 모양이 어느 정도 나왔으니 모디파이어에서 시메트리를 적용
합니다. 예제에서 만들고자 하는 무기는 앞뒤 대칭이므로 시메트리로 앞뒤 대칭을 적용
하여 날의 모양을 만듭니다.

날의 모델링이 끝났습니다. 이제 손잡이 부분을 모델링하겠습니다.

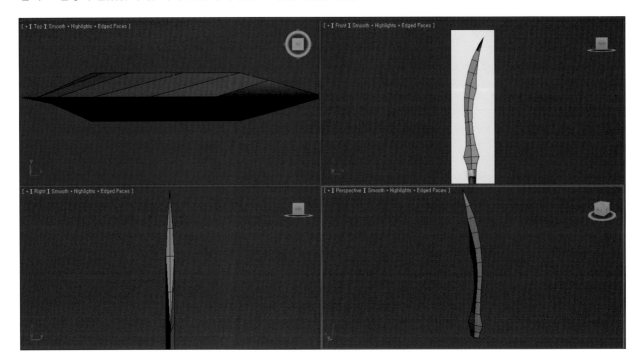

날의 밑부분에서 면을 뽑아 손잡이 형태를 완성했습니다.

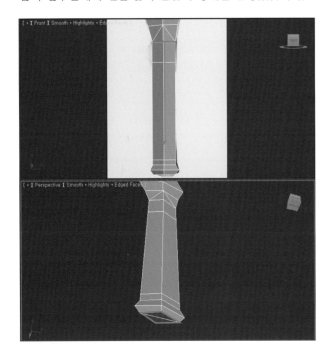

모델링이 완성되었습니다.

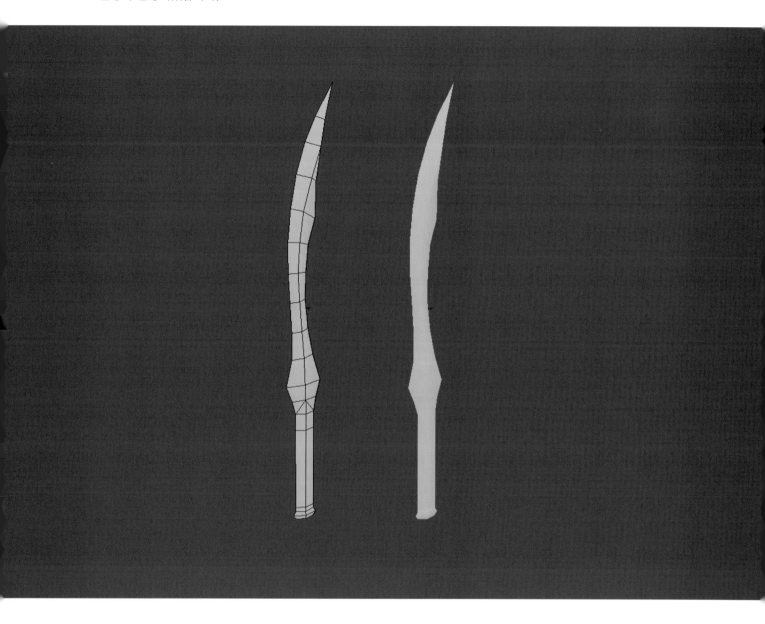

2 UV

간단한 예제를 통해 모델링을 해보았으므로 이제 매핑 준비 과정에 대해 알아보겠습니다. UV에 대한 개념을 짚고 가기 전에 먼저 2D, 3D에 대해 생각해봅시다. 2D와 3D는 평면과 입체로 나눌 수 있는 좌표의 개수이기도 합니다. 2D는 두 개의 좌표, 3D는 세 개의 좌표로, 2D에서 표현되는 공간은 3D의 X, Y, Z 좌표 중 X와 Y좌표 두 개를 사용하는 것과 같습니다. 쉽게 가로세로 혹은 넓이와 높이로 생각해본다면, 나머지 Z 좌표는 깊이라 할 수 있습니다. UV는 X와 Y에 대한 좌표를 U와 V로 표현한 것입니다.

보통 매핑을 하기 위해 UV 작업을 한다고 하는데, 이는 3D 작업물의 좌표를 평면화시킨 것과 같습니다. MAP이란 지도를 뜻합니다. 지도는 평면화한 지형의 위치를 좌표화한 것으로, 3D에서의 매핑 역시 지도와 똑같습니다.

이제 앞에서 한 무기 모델링을 가지고 UV 작업을 해보겠습니다.

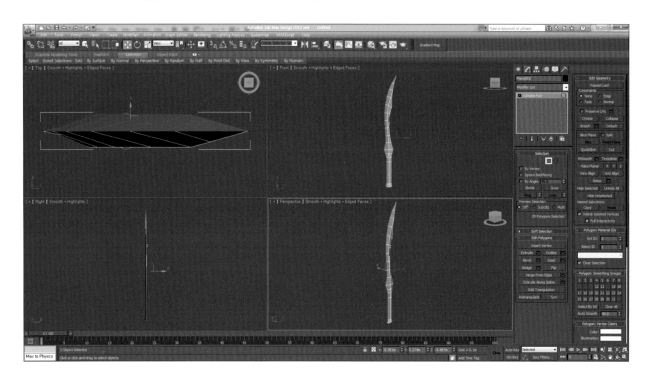

UV 작업을 하기 전에 중복되는 부분의 모델링은 삭제합니다. 그다음 모디파이어 스택에서
Unwrap UVW를 선택합니다.

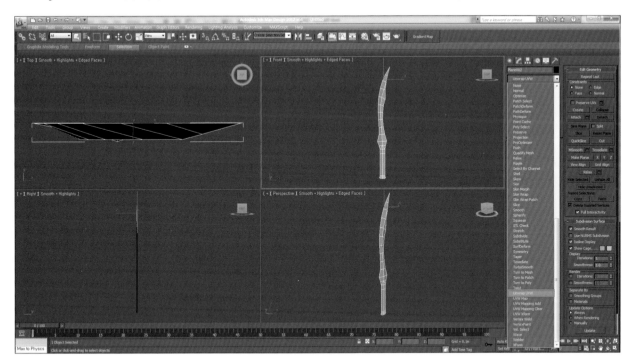

커맨드 패널이 바뀌는 것을 확인할 수 있습니다.

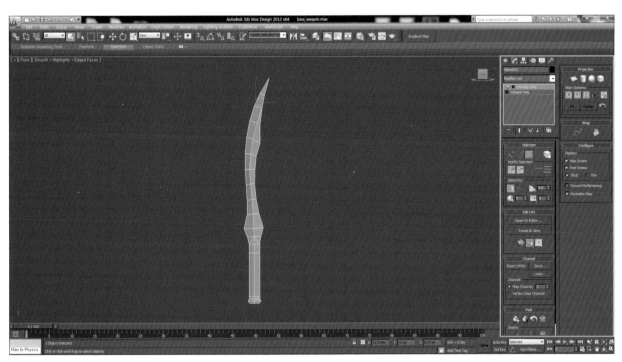

여기서 Unwrap UVW 패널에 대해 알아보겠습니다.

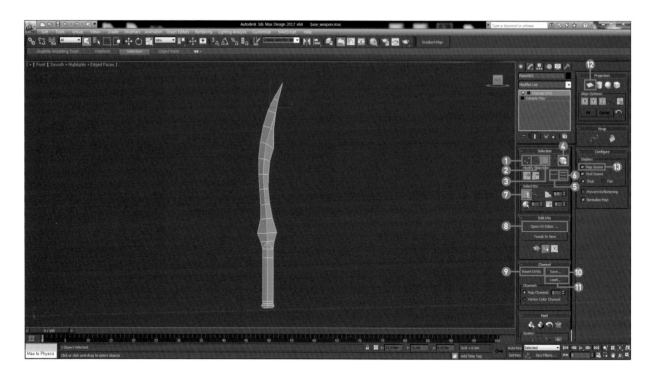

① **Vertex** : UV 작업에서 Vertex(점) 단위로 선택할 수 있게 합니다.

② **Edge** : UV 작업에서 Edge(선) 단위로 선택할 수 있게 합니다.

③ **Polygon** : UV 작업에서 Polygon(다각형) 단위로 선택할 수 있게 합니다.

④ **Select By Element XY toggle** : Editable Poly 메뉴의 Element 메뉴가 없습니다. 따라서 UV를 하나의 그룹으로 선택할 때는 Select By Element XY toggle을 ON/OFF 해 가며 사용할 수 있습니다.

⑤ **Loop: XY Edges** : UV 메뉴에도 루프가 있습니다. 루프의 기능은 모델링 때의 기능과 동일하며 엣지를 기준으로 점이 바라보는 연장선을 따라 선택합니다.

루프로 선택된 모습입니다.

⑥ **Ring: XY Edges** : UV 메뉴에도 루프가 있습니다. 루프의 기능은 모델링 때의 기능과 동일하며 엣지를 기준으로 선이 바라보는 방향으로 돌아가며 선택합니다.

링으로 선택된 모습입니다.

⑦ **Ignore Backfacing** : 뷰포트에서 보는 시점을 기준으로 보이지 않는 면들의 선택 여부를 ON/OFF 체크로 컨트롤할 수 있습니다.

⑧ **Open UV Editor** : Edit UVWs 창에서 UV 좌표를 편집할 수 있습니다.

⑨ **Reset UVWs** : 편집된 UV 데이터를 리셋하는 기능을 합니다.

⑩ Save... Save UVWs : 편집된 UV 데이터를 저장하는 기능을 합니다.

⑪ Load... Load UVWs : 저장된 UV 데이터를 불러오는 기능을 합니다.

⑫ Planar Map : 플랜 형태로 납작하게 UV 좌표를 편집하는 역할을 합니다.

> **TIP**
>
> 필자의 경우 무조건 Planar Map을 누르고 편집을 시작합니다. Planar Map을 이용하면 기본적으로
> 제멋대로 편집되어 있는 UV 좌표를 간단하게 묶어줄 수 있습니다.

⑬ Map Seams Map Seams : Map Seams란 좌표를 편집하면서 끊어진 부분을 말합니다. 모
델링이나 UV 편집창이 녹색 선으로 표시되는 것을 볼 수 있는데, 이 부분을 ON/OFF
하는 기능입니다(생각보다 녹색 선으로 인해 불편할 때가 있으므로 그럴 때 사용하면 좋
습니다).

UV 기능 중 UV 작업을 위한 주요 기능인 Open UV Editor를 다루기 전에 중요한 UV
와 해상도에 관련하여 알아보고 Open UV Editor의 기능에 관련된 설명과 예제를 진행
하겠습니다.

2-1 Checker Map

UV 작업을 하기 전에 메인 툴바에서 다루었던 재질 편집 기능인 Material을 열어줍니다.
[Map]을 클릭합니다.

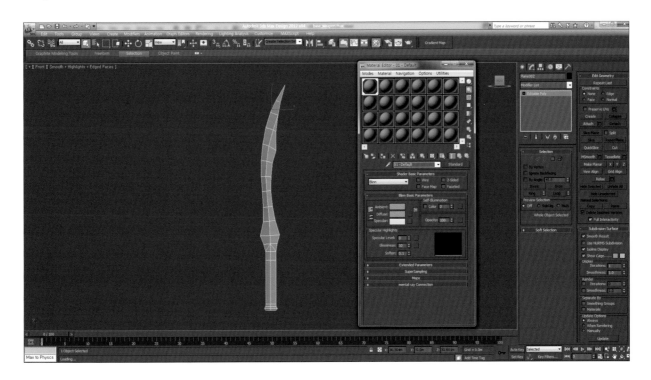

메뉴가 나타나면 Checker를 선택합니다.

Checker 전용 메뉴가 나타납니다.

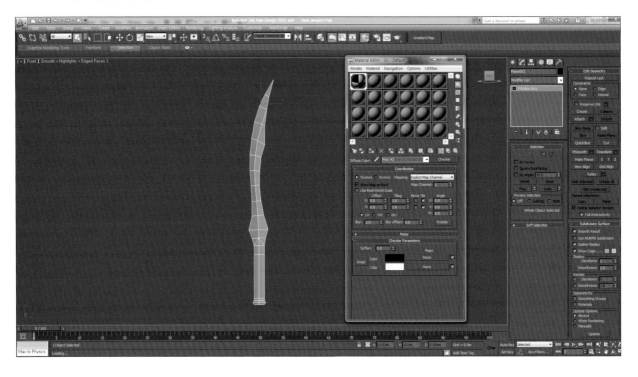

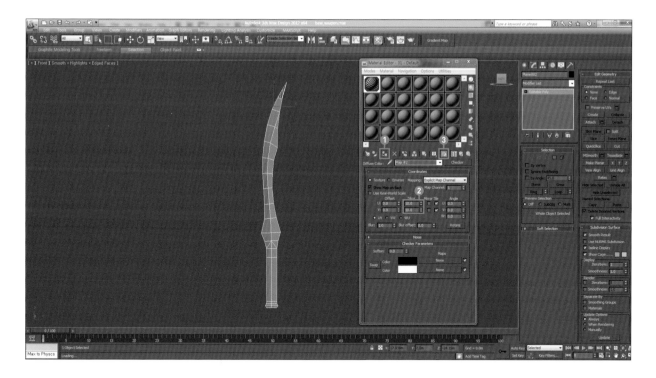

① Assign Material to Selection : 선택한 오브젝트에 재질을 적용합니다.

② Tiling : 체커의 개수를 정합니다. 보통 10으로 설정합니다.

③ Show Standard Map in Viewport : 적용된 맵소스를 뷰포트에서 보이게 하는 기능입니다.

Checker 적용을 완료했습니다. 하지만 UV가 제대로 펴지지 않으면 적용한 체커가 잘 보이지 않을 것입니다. 이제 UV 작업을 하기 위한 Open UV Editor에 대해 알아보겠습니다.

2-2 Open UV Editor

Unwrap UVW를 적용한 상태입니다. Edit 창에 녹색 선이 보입니다. 모델링에 표시되어 있
는 것이 UV이며, 이제 모델링의 UV 작업을 시작해보겠습니다.

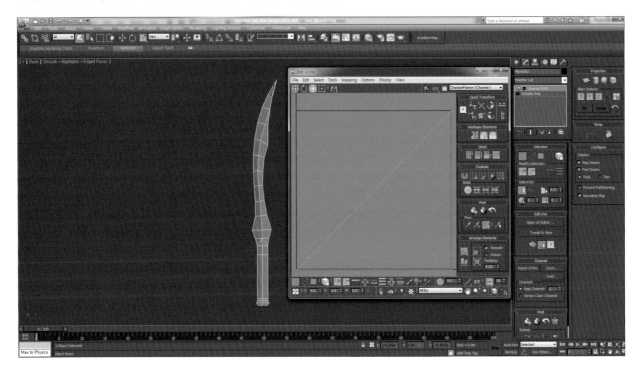

우선 Planar Map을 눌러서 UV를 적당히 정리합니다. 끊어져 있는 UV를 어느 정도 정리하
기 위함이므로 모양은 어떻게 되어도 상관없습니다.

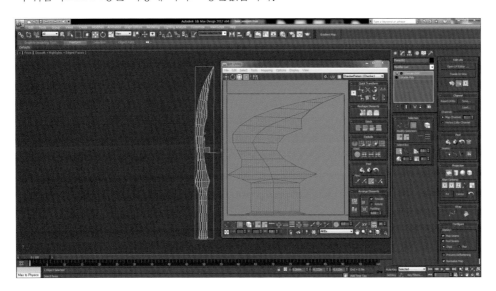

이때 Planar Map 버튼이 눌러진 상태에서 Edit 창을 클릭하면 아무것도 눌리지 않습니다.
항상 Planar Map을 누르고 바로 다시 클릭하여 해제하는 습관을 들이는 것이 좋습니다.
Planar Map 맵을 다시 눌러서 해제한 후 Quick Peel 버튼을 누릅니다.

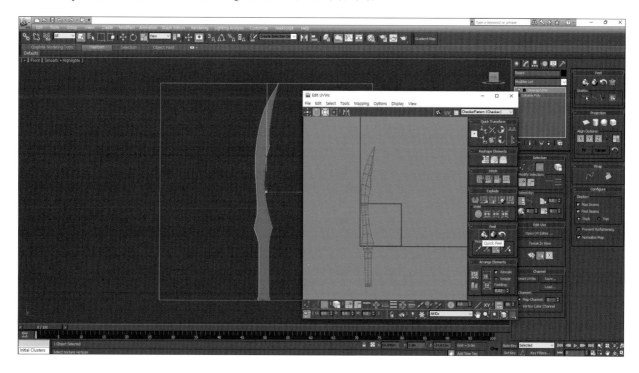

Edit 창에서 [Tools-Relax]를 클릭합니다. Relax Tool 창이 열리면 Relax By Face Angle로
변경하고 Amount 값을 1로 설정한 후 [Apply]를 클릭합니다(Quick Feel로는 완벽하게 펴지
지 않으므로 대략적으로 한 번 펴준 후 Relax Tool로 마무리합니다).

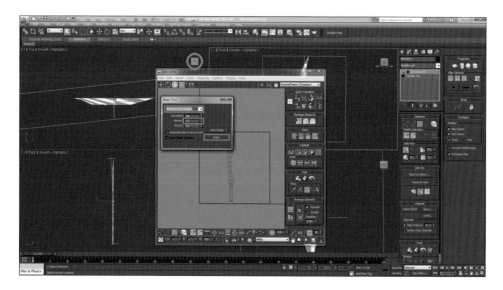

오브젝트가 보기 좋게 펴졌습니다. 잘 펴진 것인지 확인하려면 UV 작업 전에 적용했던 체커 무늬를 보고 확인합니다. 체커가 균일하게 표시되어 있으면 UV가 잘 펴진 것입니다.

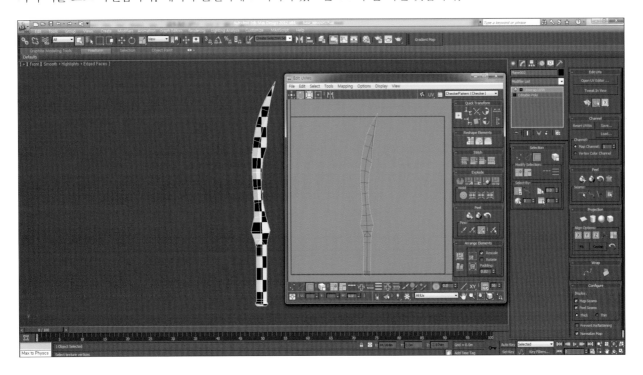

펴진 UV를 표시된 사각형 칸 안에 넣어야 합니다. 사각형의 사이즈에 따라 해상도가 정해지는데, 해상도를 높이려면 픽셀의 수가 많아야 합니다. 고해상도 TV일수록 많은 픽셀이 화면에 표시됩니다. 현재 UV 창이 TV이고 그 안에 들어간 칼의 UV를 물체가 들어갈 실루엣이라고 가정하면, 칼의 UV 안에 많은 픽셀이 들어가야 한다는 것을 알 수 있습니다. 따라서 UV를 UV 창의 사각형 안에 최대한 꽉 채우는 것이 좋습니다.

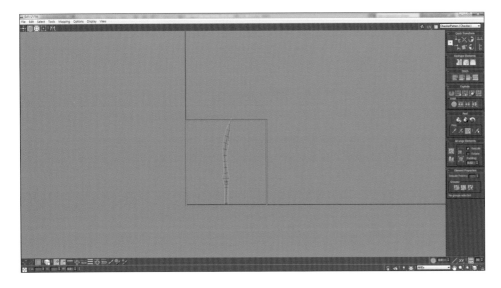

UV를 사각형 안에 정렬할 때 끊어진 UV의 크기가 균일해야 한다는 점에 주의합니다. 다음 그림을 보면 칼날과 손잡이가 끊어져 있지만 체커의 크기는 비슷한 것을 알 수 있습니다. 체커에서 표시된 네모 칸을 픽셀로 보면 됩니다.

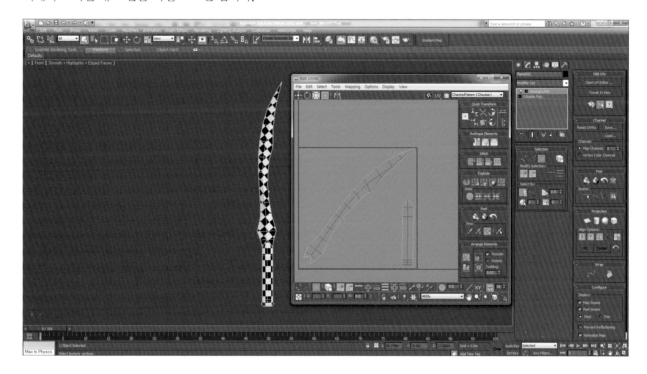

네모 칸의 크기가 달라졌을 때를 비교해보겠습니다. 오른쪽 그림은 확대해서 1픽셀로 선을 그었을 때입니다. 끊어진 부분의 픽셀 크기가 달라지면 이와 같이 매핑을 했을 때 문제가 생깁니다.

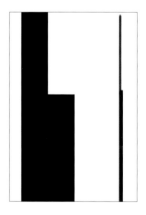

칼날과 손잡이의 UV 크기를 비교해보면 오른쪽 손잡이의 체커 크기는 작아지고 체커의 양이 많아진 것을 알 수 있습니다. 즉, 손잡이 부분의 해상도가 칼날 쪽의 UV 해상도보다 높다는 것입니다.

따라서 균일하게 매핑하기 위해 체커의 크기를 맞추는 것이 좋습니다. 하지만 상황에 따라 UV의 크기를 다르게 쓰는 경우가 많습니다. 이 부분에 대해서는 이후 캐릭터를 나무면서 설명하겠습니다.

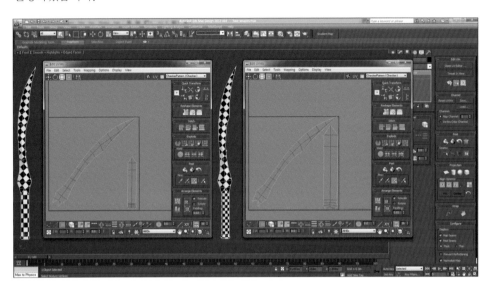

UV 작업을 마치면 [Tools – Render UVW Template]을 선택합니다.

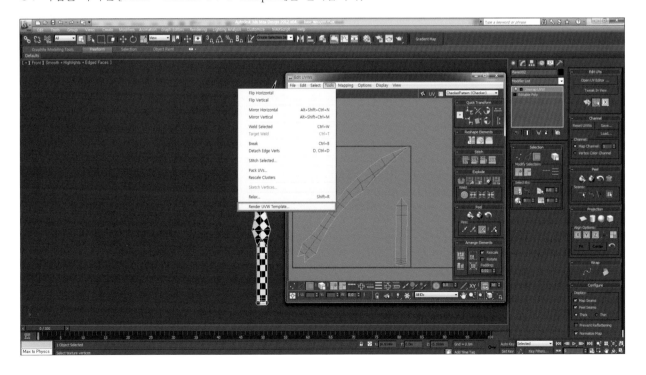

Render UVW Template을 선택하면 Render UVs 창이 뜹니다. Width와 Height에서 해상도
사이즈를 설정합니다. 여기서는 1024×1024로 설정하겠습니다.

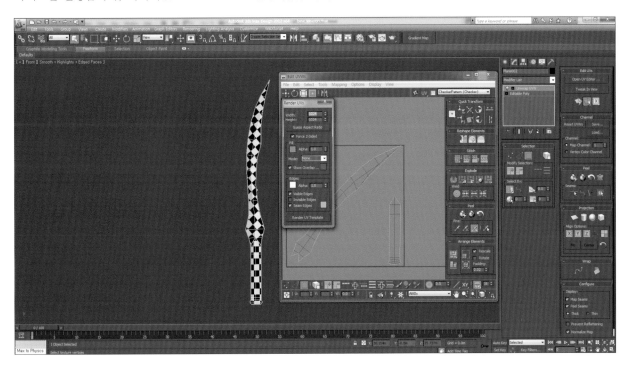

창의 가장 하단에 있는 [Render UV Template]을 선택합니다.

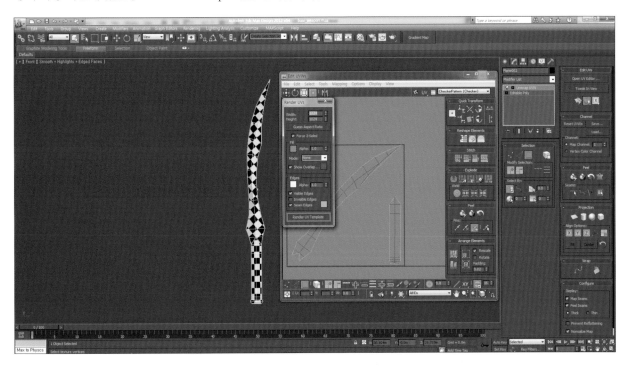

작업을 마친 UV를 렌더링합니다.

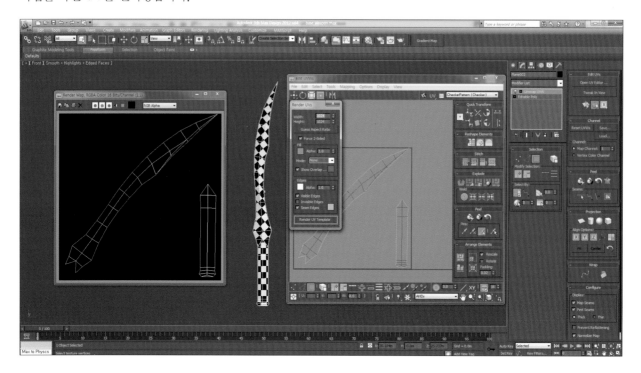

①~④의 순서대로 저장합니다. Wire라는 이름의 UV 파일이 PNG 확장자로 만들어졌습니
다. 이로써 모든 준비를 마쳤습니다. 이제 매핑을 하기 위한 기본적인 툴과 매핑을 하는 과
정에 대해 알아보겠습니다.

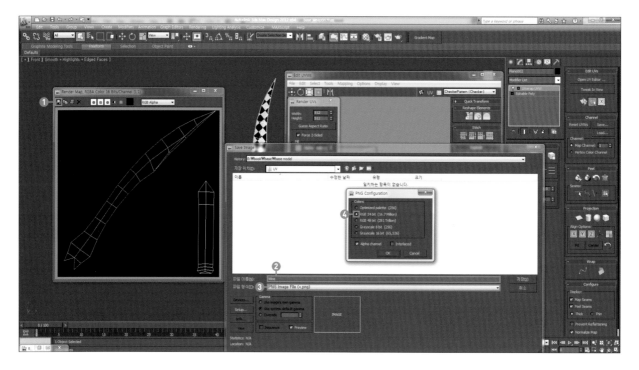

3 포토샵에서 매핑 준비하기

맥스에서 저장한 Wire 파일을 불러옵니다.

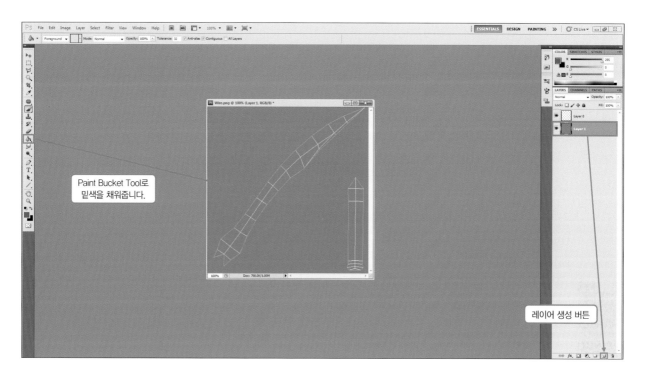

Paint Bucket Tool로 밑색을 채워줍니다.

레이어 생성 버튼

❶ 레이어를 생성합니다.

❷ 생성한 레이어에 밑색을 채운 레이어를 UV 파일이 있는 레이어 밑으로 내립니다.

❸ PSD 파일로 저장합니다.

포토샵의 사용은 여기까지입니다. 손맵 작업은 포토샵보다 바디페인터 프로그램을 주로 사용하므로 PSD 파일만 저장하고 마무리합니다. 처음부터 바디페인터에서 매핑을 준비해도 되지만 포토샵으로 만드는 것이 훨씬 수월합니다.

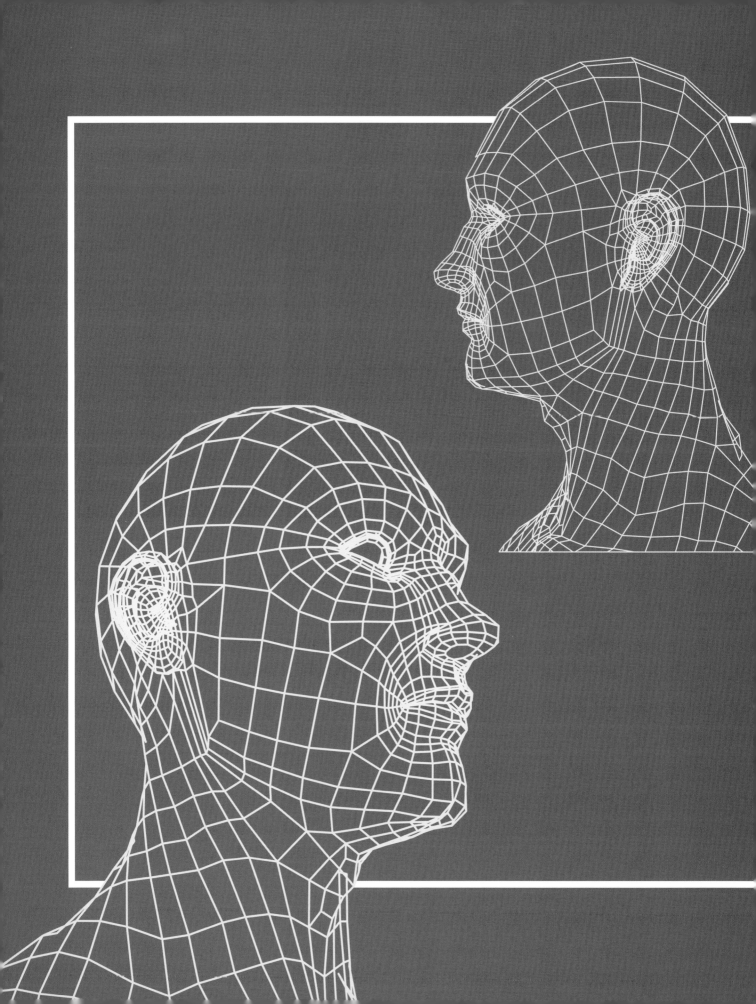

바디페인트 3D
(시네마 4D)

예전에는 대부분 포토샵으로 매핑을 했지만 몇 년 전부터 바디페인터가 손맵 작업에서의 필수 프로그램이 되었습니다. 바디페인터는 3D 오브젝트에 직접적으로 컬러링을 할 수 있다는 최고의 장점을 가지고 있는 툴이므로 반드시 익혀야 하는 필수 과정입니다. 손맵 작업은 대부분 바디페인터로 매핑합니다. 바디페인터의 UI부터 사용하는 툴을 하나씩 익혀가면서 바디페인터를 다루는 방법을 알아보겠습니다.

1 바디페인터

포토샵이나 페인터를 이용해 그림을 그릴 때, 3D 모델의 경우 주로 바디페인터를 사용합니다. 바디페인디가 없었던 시기에는 보통 UV 작업이 끝나면 포토샵으로 UV 위에 매핑을 했었지만, 만약 바디페인터가 없었다면 손맵 분야에 발을 들이지 않았을 것입니다. 그만큼 바디페인터는 3D 매핑을 하는 데 있어서 독보적인 프로그램이라 할 수 있습니다. 바디페인터의 기본적인 인터페이스와 주로 사용하는 기능을 소개하겠습니다.

1-1 인터페이스

바디페인터를 설치하고 실행하면 처음에 나오는 화면입니다. 바디페인터를 설치한 후 몇 가지 세팅이 필요합니다. 가장 먼저 타블렛의 반응을 위한 설정입니다.

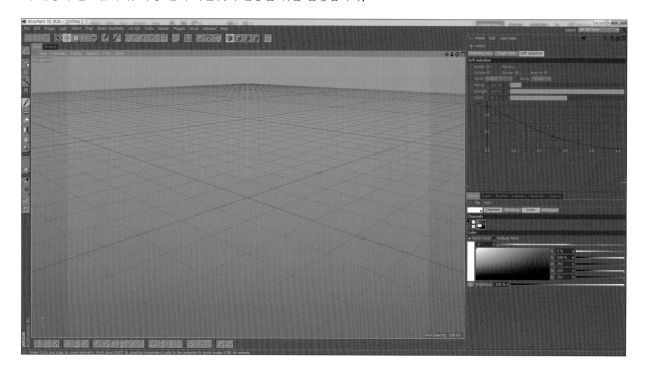

먼저 상단의 메뉴에서 [Edit – Preferences]를 클릭합니다.

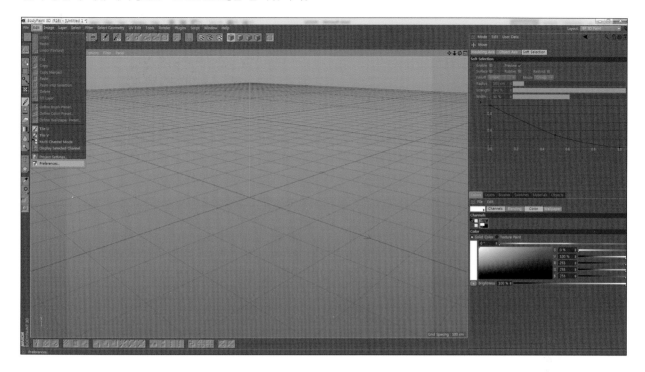

Preferences 창이 열리면 [Input Devices] 메뉴를 클릭합니다.

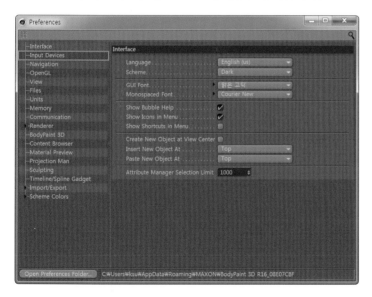

Graphics Tablet에 체크 표시를 합니다. 바디페인터를 설치한 후 카메라 사용 시 오브젝트가 사라지거나 반대로 회전하거나 작업 중인 맵소스가 화면 밖으로 날아가는 등 여러 가지 문제점이 발생합니다. 타블렛을 사용할 때 이러한 문제점들이 발생하지 않도록 세팅하는 기능입니다.

다음은 인터페이스의 커스터마이징에 대해 알아보겠습니다. 인터페이스에서 각각의 메뉴를 살펴보면 다음의 그림에 표시한 것처럼 점으로 되어 있는 아이콘을 볼 수 있습니다. 이 아이콘을 클릭한 상태에서 드래그하여 원하는 위치로 옮길 수 있습니다.

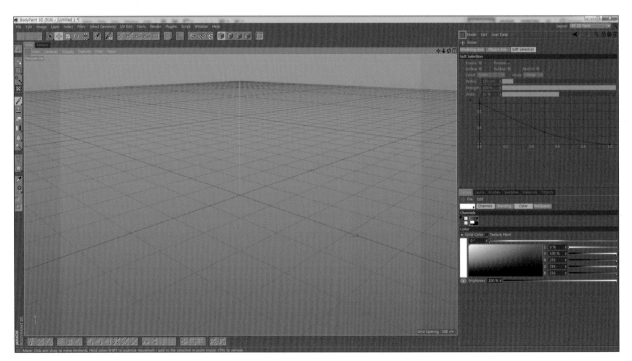

인터페이스를 세팅했습니다.

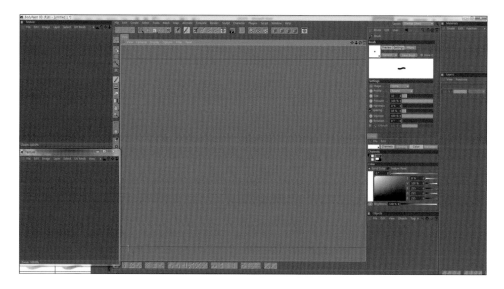

인터페이스 레이아웃 설정이 끝났다면 [Window - Customization - Save as Startup Layout]을 순서대로 클릭합니다. 레이아웃 세팅을 마쳤어도 프로그램을 종료했다가 다시 켜면 인터페이스 레이아웃이 초기화됩니다. 따라서 Save as Startup Layout 기능을 이용해 인터페이스 레이아웃 설정을 저장합니다.

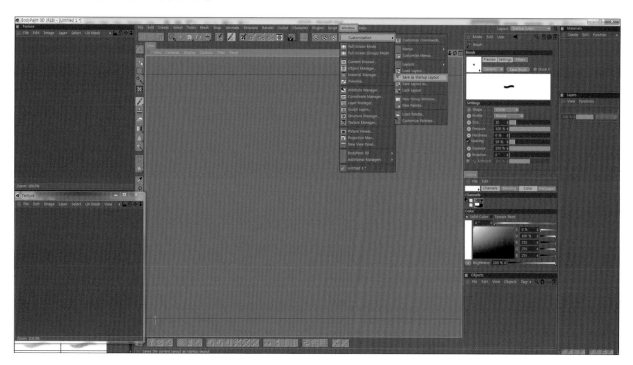

1-2 단축키 설정

[Window - Customization - Customize Commands]를 순서대로 클릭합니다. 혹은 단축키 Shift + F12를 사용하여 한 번에 Customize Commands를 실행할 수도 있습니다.

단축키를 사용하면 보다 효율적으로 손이 움직이기 편한 동선을 만들 수 있습니다. 동급의 실력을 갖췄다고 가정할 때, 단축키를 사용하는 사람이 훨씬 더 빠른 속도로 작업을 할 수 있습니다. 단축키는 키보드에서 단축키를 누르는 손이 최대한 움직이지 않게 세팅하는 것이 포인트입니다.

Customize Commands 메뉴입니다.

① Name Filter : 필요한 명령어를 입력하는 곳입니다(예 brush, eraser).

② Shortcut Filter : 단축키를 기반으로 검색하는 기능입니다(예 'B'를 입력하면 'B'가 단축키로 쓰이는 기능을 찾아줍니다).

사용하지 않는 대부분의 기본 메뉴를 제외하고, 필자가 직접 사용하며 일반적으로 자주 사용되는 인터페이스 레이아웃을 알아보겠습니다.

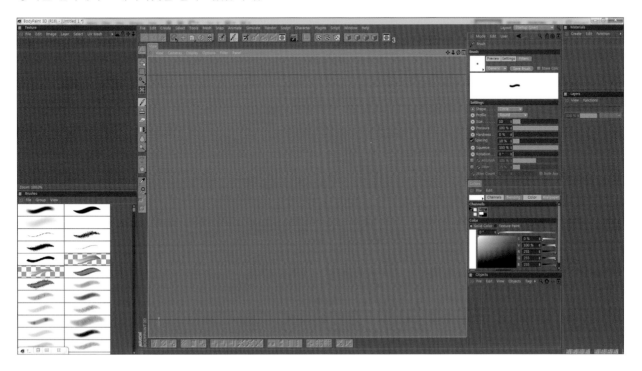

② 매핑(Mapping)

▼ 예제 파일 : Sword

2-1 오브젝트

[File – Open]을 클릭하여 모델링을 불러옵니다(OBJ 파일).

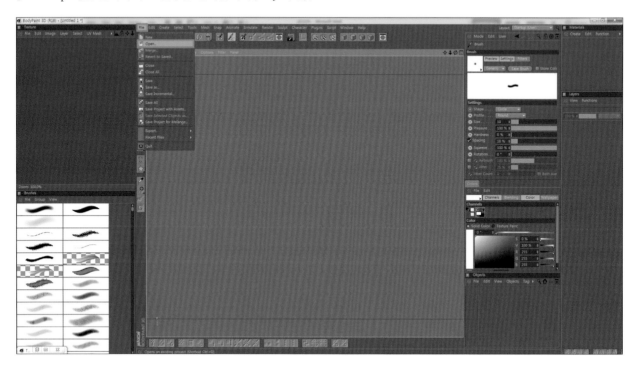

Export 메뉴를 이용해서 모델링을 OBJ 확장자 파일로 만들어줍니다. 3D MAX Export 세팅입니다.

2-2 인터페이스

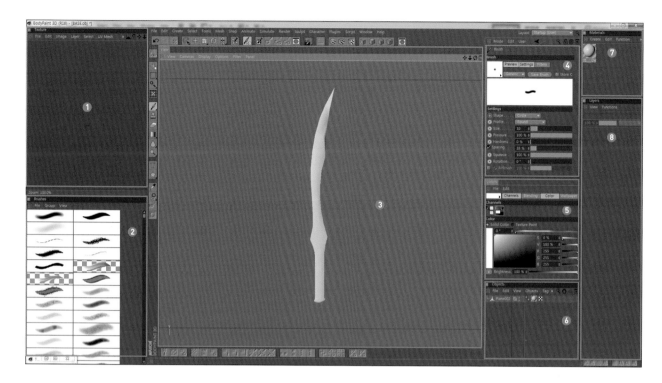

❶ Texture : 제작하는 맵소스가 표시되는 창입니다.

❷ Brushes : 브러시의 종류가 표시되는 창입니다.

❸ View : 작업하는 모델링이 표시되는 창입니다.

❹ Brush : 브러시의 크기, 강도 등 브러시를 컨트롤하고 설정하는 창입니다.

❺ Colors : 색상을 선택하는 창입니다.

❻ Object : View 창 안의 분할된 오브젝트의 개수와 이름을 표시하는 창입니다.

❼ Materials : 재질을 불러오고 표시하는 창입니다.

❽ Layers : 포토샵의 레이어처럼 바디페인터에서 레이어를 표시하는 창입니다.

브러시에 대해 알아보겠습니다.

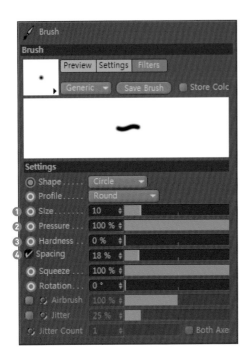

① Size : 브러시의 크기를 조절합니다.

브러시 크기는 단축키로도 조절 가능하며, Increase와 Decrease 두 가지로 나누어 설정합니다. Increase는 증가, Decrease는 감소를 나타내며, 필자의 경우 Increase를 ⑤, Decrease를 ⒜로 지정하여 사용하고 있습니다.

② Pressure : 브러시의 강도를 표시합니다. Increase와 Decrease 두 가지 단축키로 나뉘며, 필자의 경우 Increase를 ⓧ, Decrease를 ⓩ로 지정하여 사용하고 있습니다.

③ Hardness : 브러시의 페더 값을 컨트롤합니다. 브러시를 부드럽게 하거나 단단하게 표현합니다.

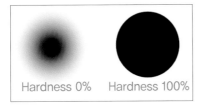

④ Spacing : 브러시의 간격을 표시합니다.

이제 매핑을 진행하기 위해 Material( )을 더블클릭합니다.

Material Editor 창이 나타나면 표시된 아이콘을 클릭합니다.

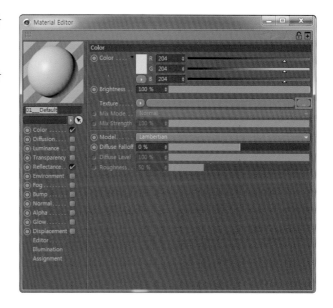

포토샵에서 만들어둔 맵소스 파일을 불러옵니다.

불러온 맵소스가 모델 위에 입혀졌습니다. 하지만 작업을 하기 위한 레이어가 표시되지 않았습니다. Material에서 마우스 오른쪽 버튼을 클릭하여 Loadtexture를 클릭합니다. 레이어 창에 레이어가 표시됩니다.

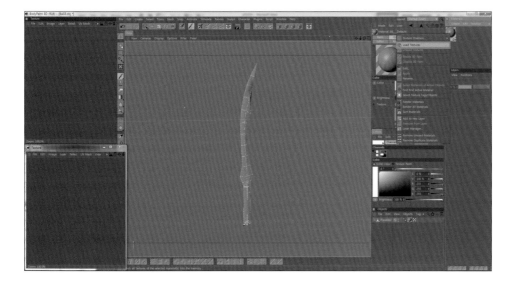

매핑 작업에 앞서 먼저 쉐이딩을 바꿔줍니다.

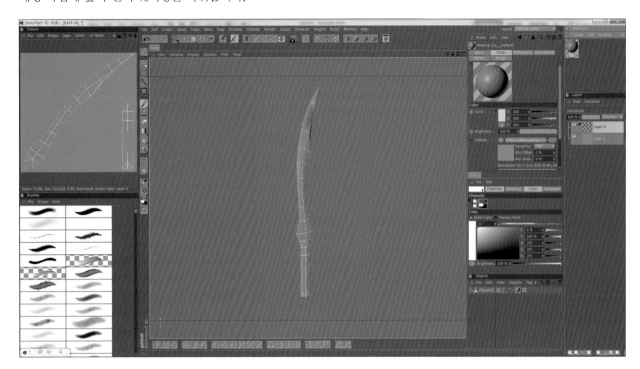

[Display] 메뉴에서 [Constant Shading]을 클릭한 다음 레이어를 생성합니다(Constant Shading은 쉐이딩의 영향을 받지 않는 Flat Shader 형태의 쉐이더 타입입니다).

이제 매핑을 하기 위한 준비가 끝났습니다.

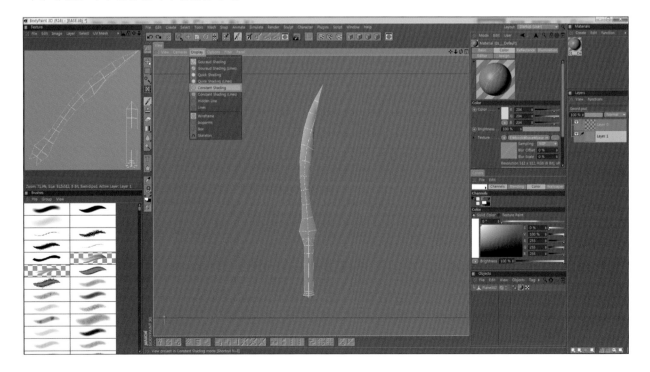

2-3 빛과 입체

먼저 매핑을 하기 위한 기본 개념을 알아보겠습니다. 매핑은 그림으로 따지면 컬러링과 비슷합니다. 매핑을 할 때 가장 중요시되는 사항은 다음과 같습니다.

빛	입체
빛 표현은 묘사의 기본 요소 중 하나이면서 가장 중요한 요소이기도 합니다. 입체를 결정하는 최소 조건이자 재질 표현의 최소 조건이기도 합니다. 색감을 표현하는 데 있어서 빛을 어떻게 해석하는지도 상당히 중요합니다. 매핑의 모든 근본이 되는 조건이기 때문에 끊임 없는 노력과 연구가 필요한 부분 중 하나입니다.	입체를 이루는 가장 기본적인 요소는 밝기와 어두움입니다. 이 두 요소가 있어야 기본적인 입체 표현이 가능하며, 이 사이에서 중간톤이 표현되면서 자연스러운 입체 표현이 가능해집니다. 입체에 대한 가장 쉽고 보편적인 예로 박스를 들 수 있습니다. 박스는 입체를 구성하는 빛을 단순하면서도 가장 쉽게 알아볼 수 있는 물체입니다. 매핑 시 가장 강조되는 부분은 입체감과 밝기의 표현입니다. 입체 표현이 되지 않은 상태에서의 디테일 표현은 철골구조를 세우지 않고 건물을 짓는 것과 마찬가지입니다.

예제를 통해 매핑을 진행해보겠습니다.

[Window – BodyPaint 3D – New Texture View]를 순서대로 클릭합니다.

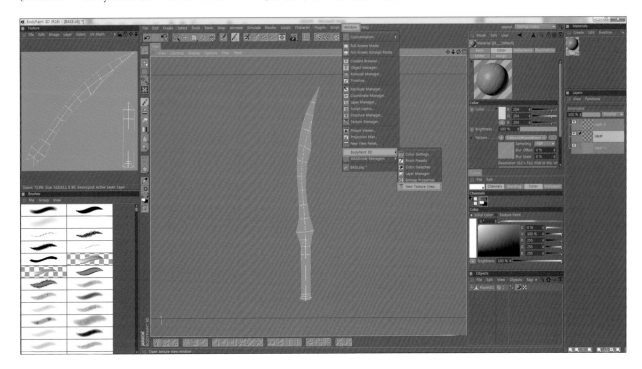

Texture 창이 하나 더 뜹니다. 새로 생성된 Texture 창에 콘셉트 이미지 또는 참고 레퍼런스
용 이미지 등 작업에 필요한 이미지를 드래그하여 삽입합니다.

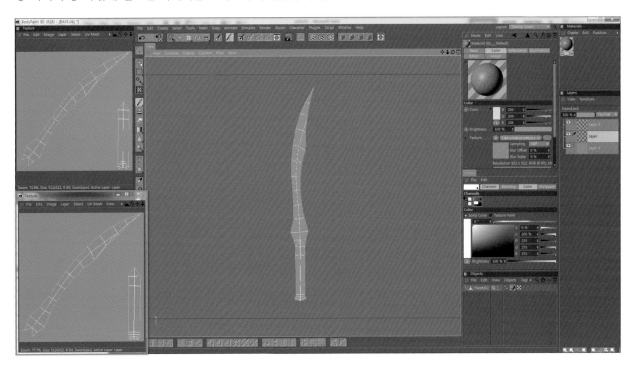

이미지를 드래그하여 삽입하는 동시에 기존에 있던 Texture 창에도 이미지가 삽입됩니다.

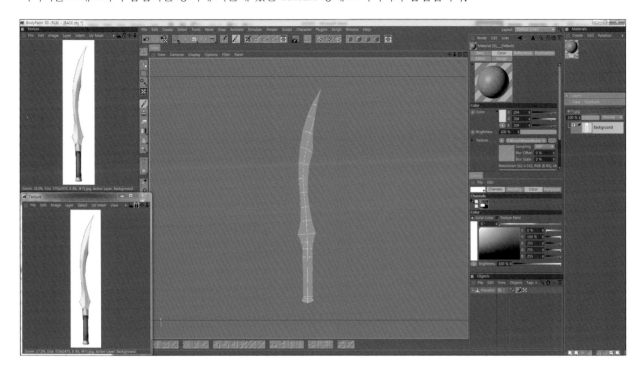

[▶ − Textures − 모델링 맵소스 파일(Sword.psd)]을 선택하고 자물쇠 아이콘을 클릭하여 레이어를 잠급니다.

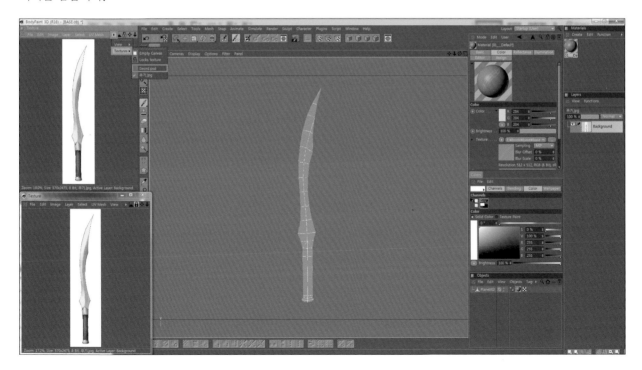

와이어 레이어가 너무 선명하면 매핑하는 데 방해가 되므로 레이어의 오퍼시티(Opacity) 값
을 조절하여 적당한 수치로 낮춰줍니다(Opacity : 레이어의 불투명도를 표시합니다).

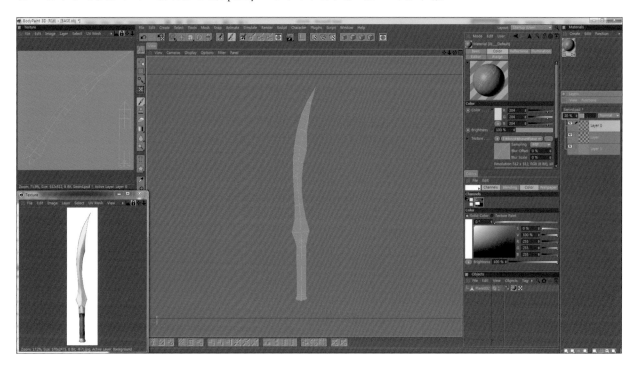

밑색이 되는 어두운 톤의 기본 색상을 적용합니다.

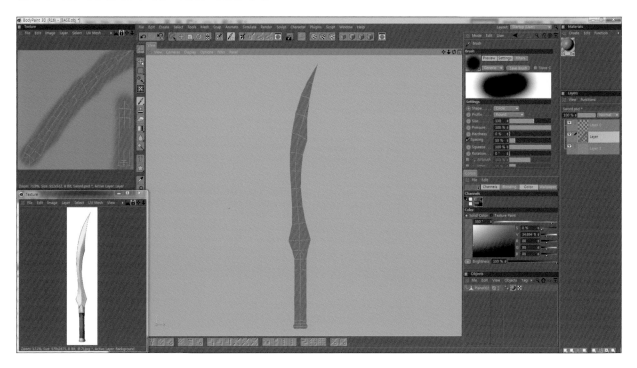

기본으로 적용한 색상과 밑색의 구분이 어려워 배경색을 변경했습니다. 배경색을 바꾸고 싶다면 [Edit − Preferences − Scheme Colors − Background] 메뉴를 클릭한 후 색상을 변경합니다.

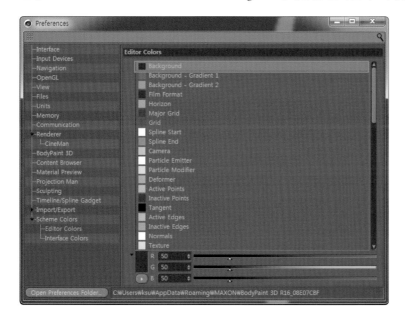

베이스 컬러를 칠합니다. 작업자마다 매핑을 할 때 차이가 있습니다. 필자의 경우 기본 베이스 컬러를 입힐 때 어두운 색상을 적용한 후 시작합니다.

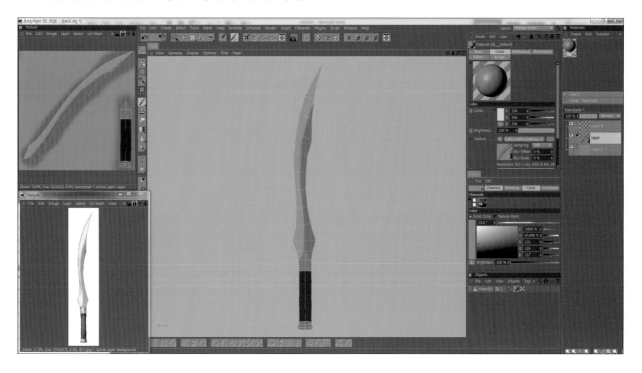

기본으로 어둡게 적용시킨 배색 위에 밝은 톤을 올렸습니다. 매핑을 시작하기 전에 언급했던 투톤 작업입니다.

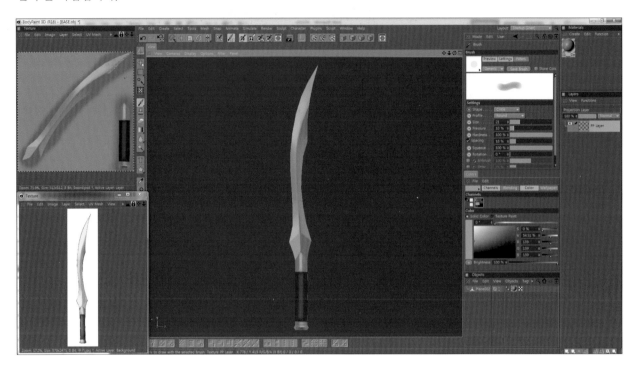

투톤으로 나뉜 컬러를 부드럽게 풀어주기 위한 작업(중간톤 작업)을 하기 전에 브러시의 사용과 그라데이션 표현에 대해 알아보겠습니다. 그라데이션은 자체적으로 밀도를 갖지만 표현 방법에 따라 동일한 밀도라도 차이가 생깁니다.

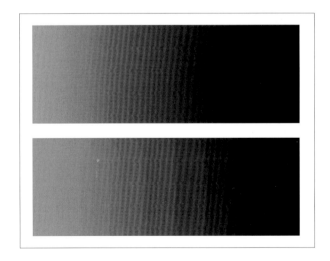

2-4 브러시

두 가지 색상을 찍어줍니다.

오퍼시티 값을 조정한 후 두 색상 중 한 가지를 선택하여 칠하다 보면 겹치는 색이 생기게 됩니다. 이 작업을 반복하면 자연스러운 그라데이션이 나오게 됩니다.

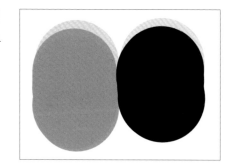

즉, 겹치는 색을 선택하여 칠하고 또다시 겹치는 색을 선택하여 칠하는 작업을 반복하면 다음과 같은 그라데이션이 나오게 됩니다.

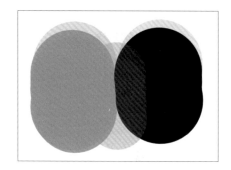

브러시를 부드럽게 조절하여 브러시 터치를 부드럽게 풀어줍니다. 브러시의 겹침 표현에서 나오는 밀도는 유지되면서 깔끔하게 마무리할 수 있습니다.

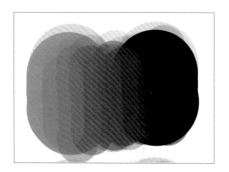

브러시는 부드럽게 사용하는 것보다 딱딱하게 설정하여 사용하는 것이 좋습니다.

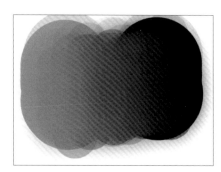

앞에서 설명한 브러시 사용법을 이용하여 중간톤 작업을 했습니다.

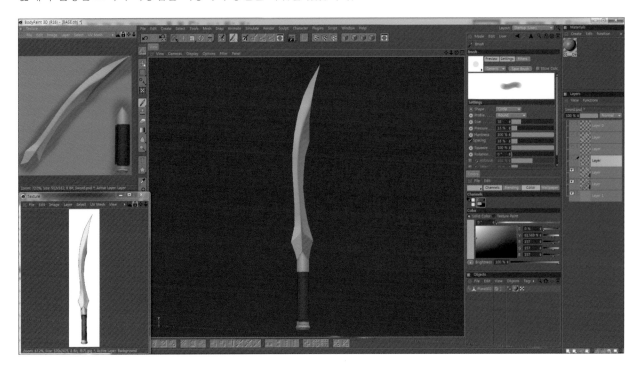

금속의 빛이 맺히는 포인트들을 찍어줍니다.

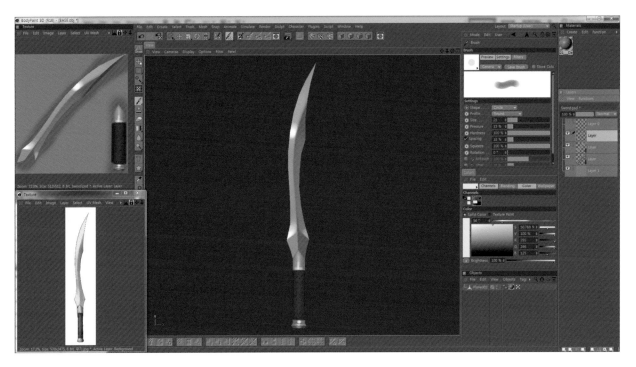

투톤 작업과 마찬가지로 찍은 색들을 풀어줍니다.

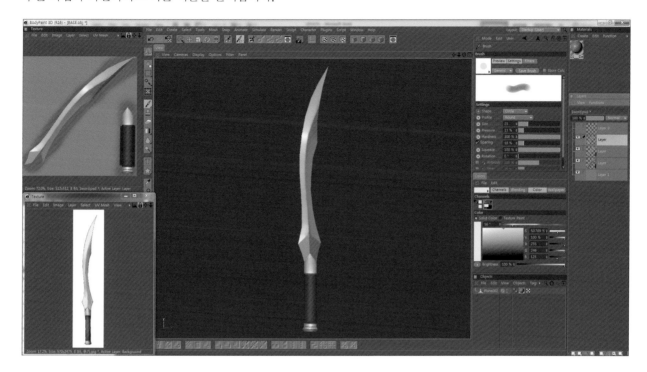

미세한 디테일과 색감을 정리하면서 마무리합니다.

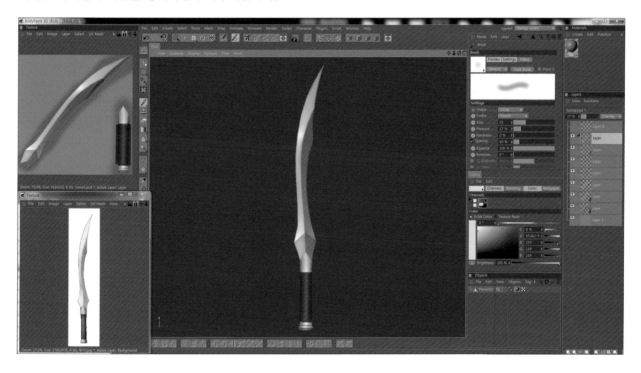

Texture 창에서 [File – Save Texture as] 메뉴를 클릭하여 맵소스를 저장합니다.

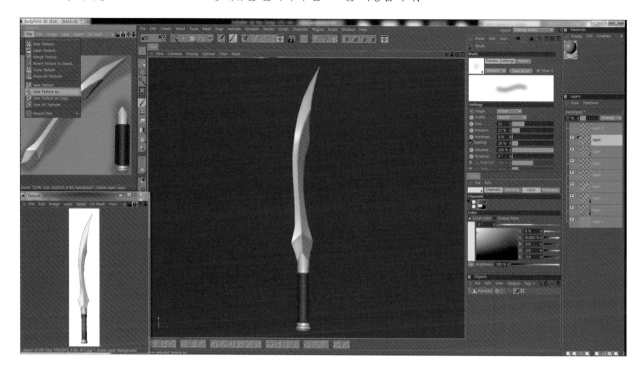

3D MAX에서 맵소스를 적용했습니다.

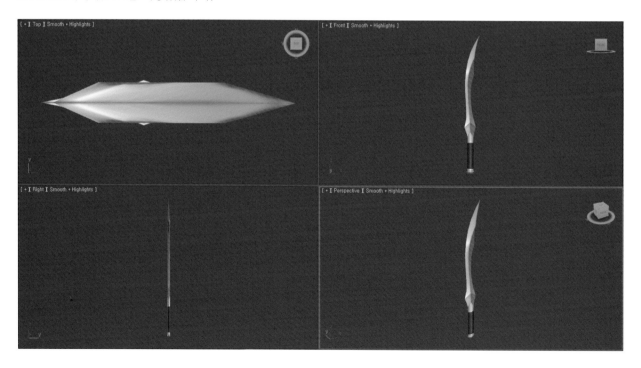

매핑을 마치면 형태를 좀 더 다듬으면서 와이어를 수정하여 마무리합니다.

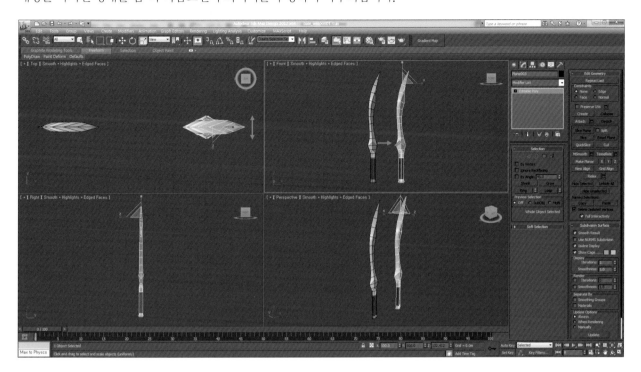

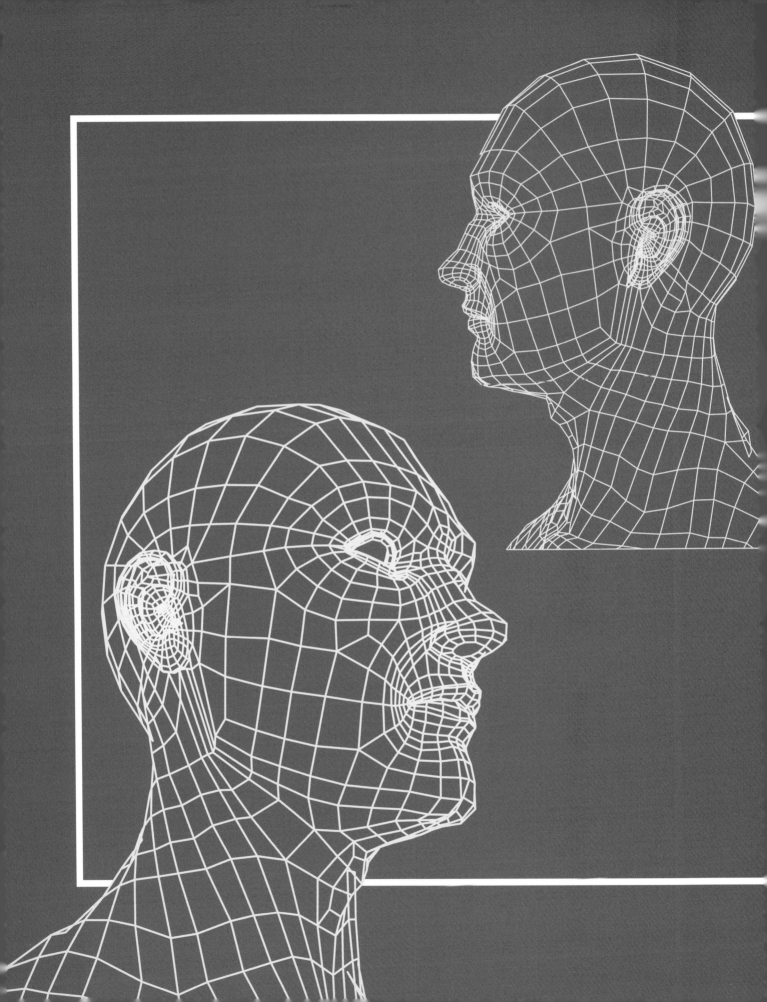

PART

04

인체 모델링

인체 모델링은 캐릭터에 입문하고 난 후에도 어려움을 겪는 작업입니다. 이번 파트에서는 조금 더 쉽게 인체 모델링을 만들 수 있도록 모델링의 조립 방법과 과정에 대해 알아보겠습니다. 인체 모델링 과정을 통해 기본적인 인체 비율과 구조를 익히고 모델링을 할 때 필요한 스킬을 학습하겠습니다.

1 인체 모델링

앞에서 간단한 예제를 통해 모델링부터 매핑까지의 과정을 학습했습니다. 이번에는 인체 모델링과 그 모델링을 가지고 매핑 작업을 하겠습니다. 요즘은 지브러시(Zbrush)를 이용한 Topology 방법을 많이 사용합니다. 베이스 바디가 있는 경우엔 Topology로 커스텀하여 작업을 하는 것이 일반적입니다.

한 번쯤은 힘들여서라도 인체 모델링을 만들어보는 연습이 필요합니다. 곡률이 심한 모델링을 만들어보아야 부드럽고 자연스러운 면을 짜는 방법에 대해 고민하고 복잡한 모델링 작업을 하더라도 좀 더 쉽게 접근할 수 있기 때문입니다. 물론 필자 역시 지브러시를 사용하여 작업하며, 인체 모델링을 할 때 얼굴, 몸, 팔, 다리, 손, 발을 각각 나누어 작업한 다음 조립합니다.

1-1 얼굴(Face)

우선 눈의 형태를 만듭니다.

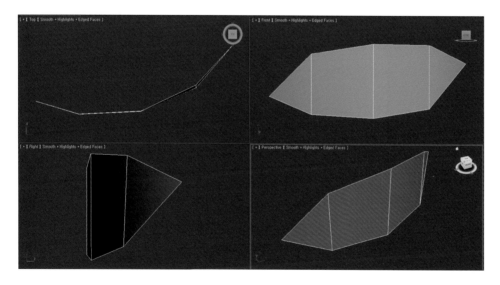

눈의 외곽 라인을 잡아줍니다.

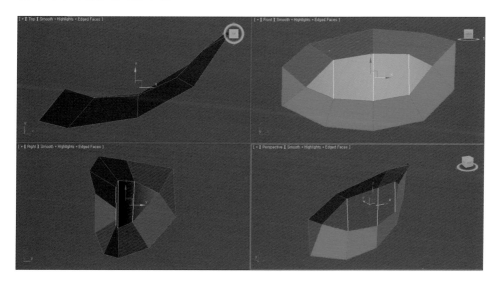

콧등 부분을 모델링합니다.

❶ 모디파이어 리스트에서 Symmetry를 선택합니다(Symmetry 축을 기준으로 대칭 복사됩니다).

❷ Show end Result 버튼으로 모디파이어 리스트에서 적용된 효과를 에디터블 폴리 작업에서도 볼 수 있게 해주는 기능입니다.

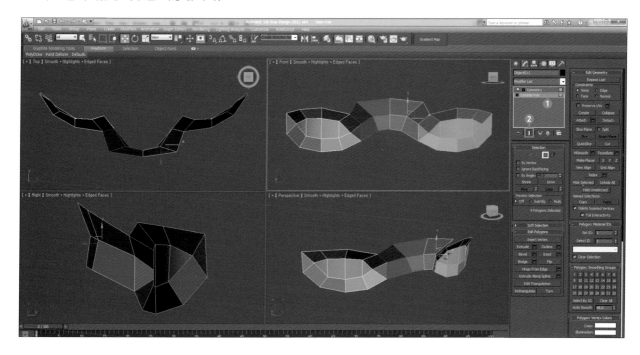

미간과 콧등 부분을 기준으로 측면 실루엣을 만들어줍니다.

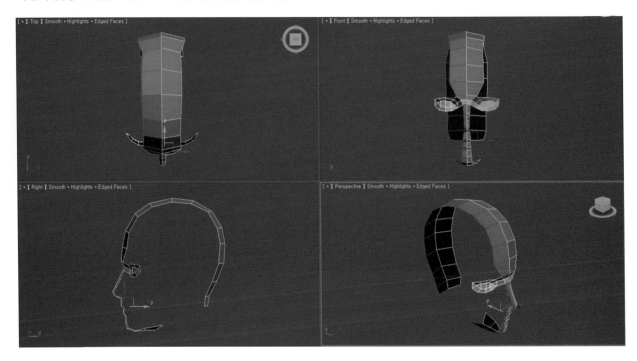

얼굴 실루엣에서 꺾이는 포인트가 될 부분에 폴리곤을 만들고 코와 입을 만들어줍니다.

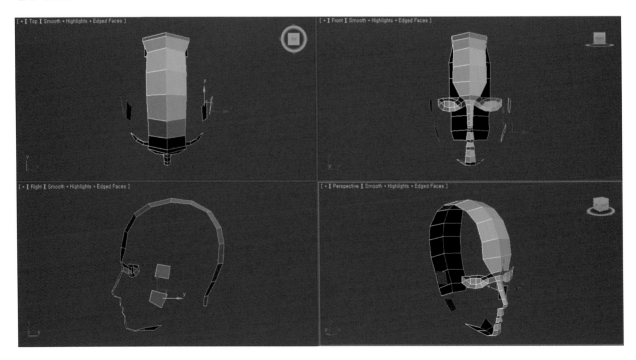

포인트로 만든 폴리곤들을 연결합니다.

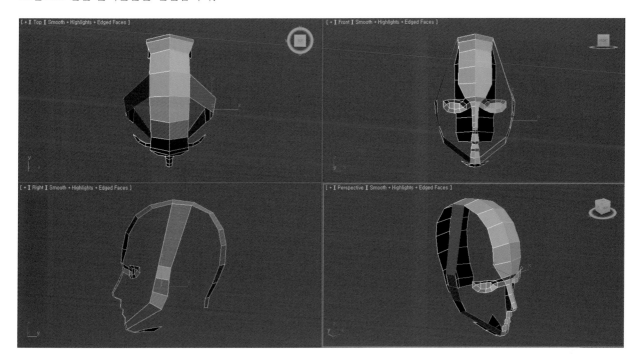

얼굴 실루엣을 만들면서 연결한 폴리곤을 나눠줍니다. 뼈대를 세우듯이 모델링할 때 항상
면과 면을 연결할 수 있도록 면의 개수를 최대한 맞춰 가면서 모델링을 합니다.

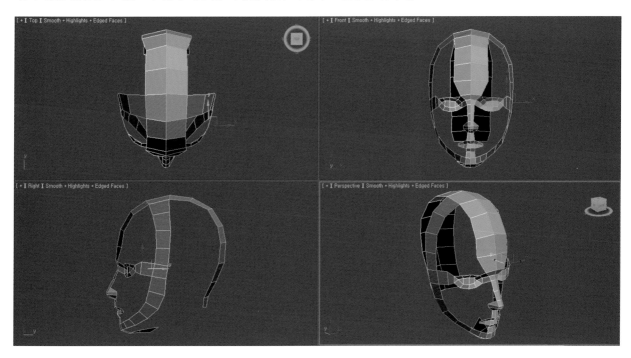

눈과 입주변을 방사형으로 뻗어 나가는 형태로 모델링하고 코 옆 부분도 만들어줍니다. 완
전히 같을 순 없지만 보통 와이어의 흐름은 근육 흐름의 형태랑 비슷합니다.

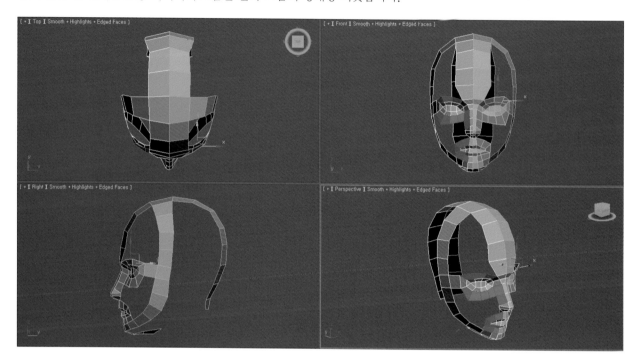

이번에도 폴리곤의 뼈대를 만들어 나가는 방법의 연속입니다. 폴리곤의 뼈대를 만들어주면
서 귀의 모델링이 추가되었습니다.

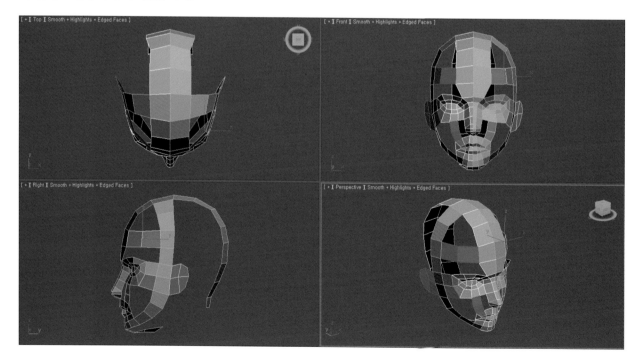

귀의 뒷부분과 이마 앞부분의 연장으로 뒤통수와의 뼈대를 잡아줍니다.

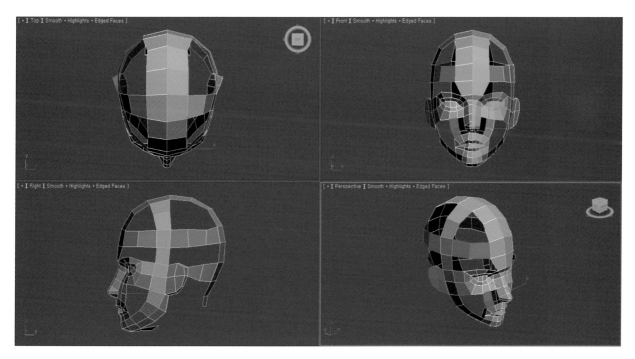

마지막으로 빈 부분의 폴리곤을 메워주면 마무리됩니다. 면과 면이 연결되는 구조로 작업했
다면 폴리곤을 채우는 데 큰 어려움이 없을 것입니다.

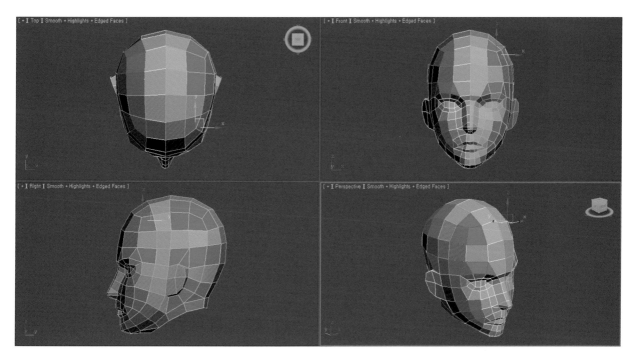

완성되었습니다.

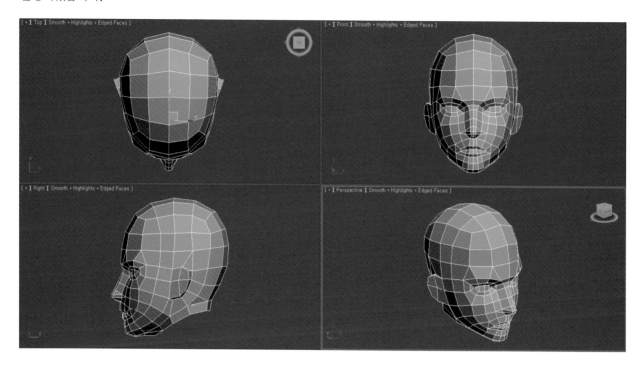

1-2 ▶ 몸(Body)

이번에도 역시 뼈대를 만들어가면서 진행합니다. 페이스 모델링 작업에서 했던 것과 같이
측면 실루엣을 잡아줍니다.

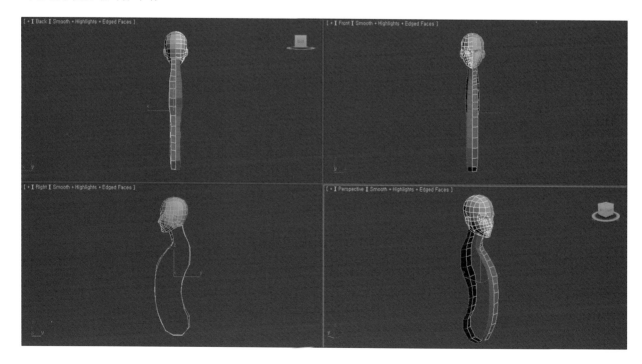

목과 쇄골의 라인을 잡아주면서 기준이 되는 **뼈대**를 만듭니다.

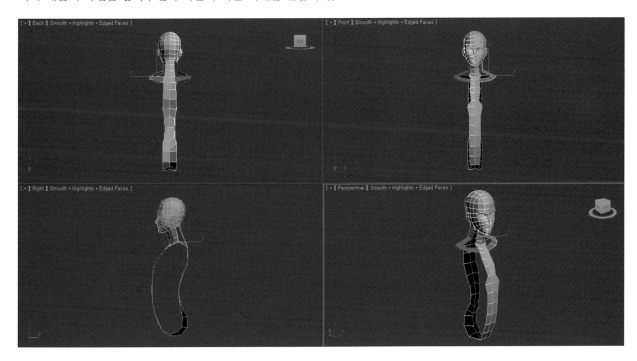

팔이 시작될 위치를 잡아서 원 형태로 커팅하듯이 모델링합니다. 가능한 한 다각형의 형태
를 정해두고 모델링을 합니다. 팔이 시작되는 부분의 커팅은 팔각형입니다.

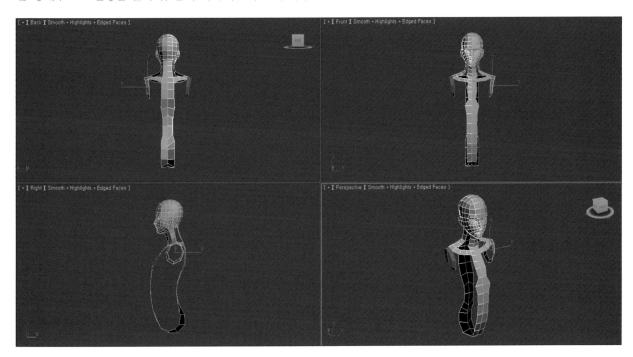

쇄골과 뼈대 부분을 기준으로 빈 부분을 메우고 늑골과 골반 부분의 구조를 잡아줍니다.

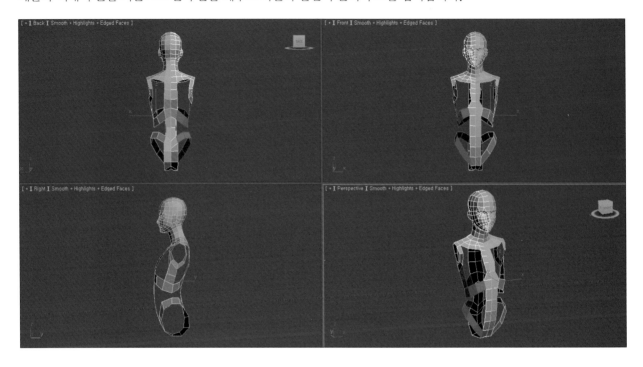

가슴 부분의 구조를 잡아 바디 모델링에서의 기본적인 뼈대를 완성했습니다.

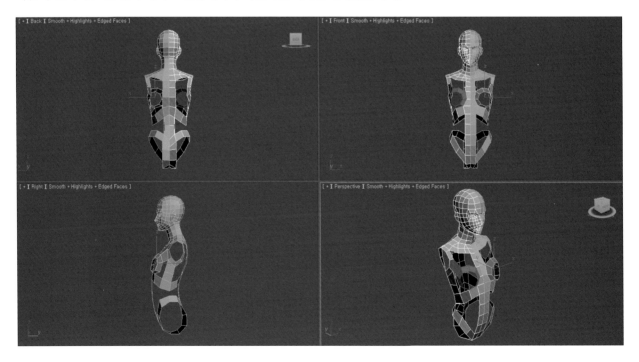

뼈대가 잡혔으므로 남은 빈 부분을 메워서 완성합니다.

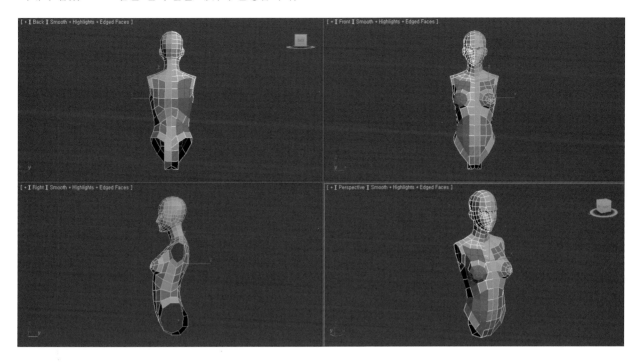

1-3 ▶ 팔(Arm)

팔이 시작될 부분에서 어깨 부분의 면을 뽑습니다. 어깨를 먼저 만들지 않고 팔의 면을 실린
더 형태로 잡아줍니다.

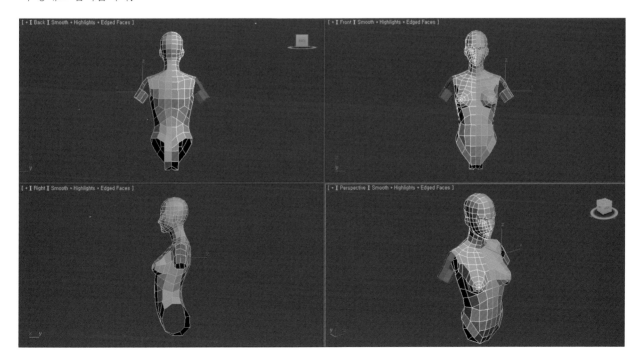

면을 손목이 될 부분까지 한 번에 길게 뽑습니다. 손목의 위치는 차렷 자세를 취했을 때 치골이 위치한 부분보다 살짝 위에 오면 됩니다. 팔이 접히는 위치는 어깨와 손을 제외한 나머지 부분이 반으로 접히는 부분이 됩니다.

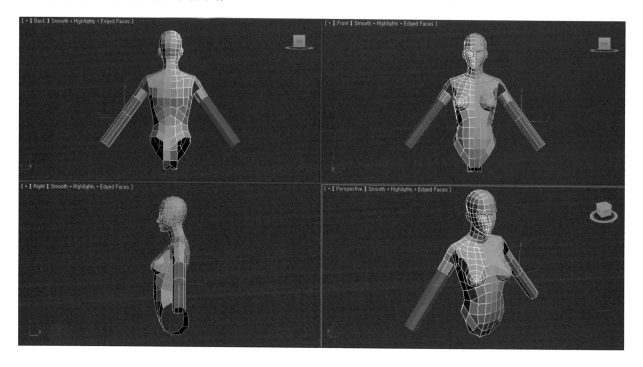

실린더 형태에서 접히는 부분과 흰색 점으로 표시한 곳처럼 튀어나온 부분을 잡아줍니다.

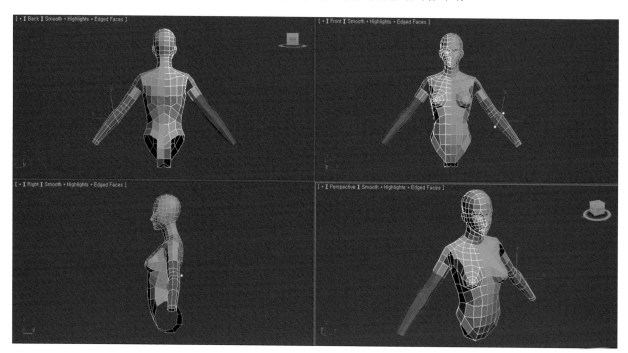

이어서 겨드랑이의 비어 있는 부분을 메꾸고 팔의 모델링을 마무리합니다.

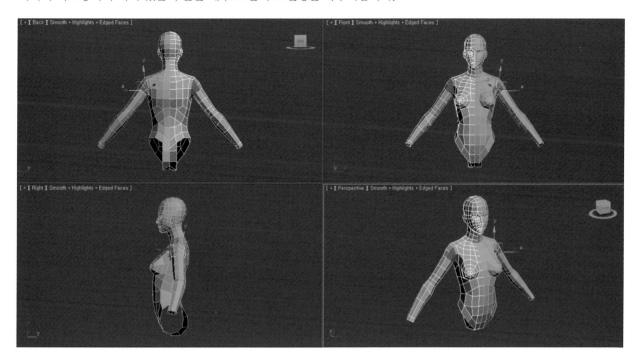

1-4 ▶ 다리(Leg)

골반 부분부터 다리 외곽 실루엣을 잡는 동시에 팔 모델링 작업에서와 같이 다리의 원통 기
준이 될 부분을 잡아줍니다.

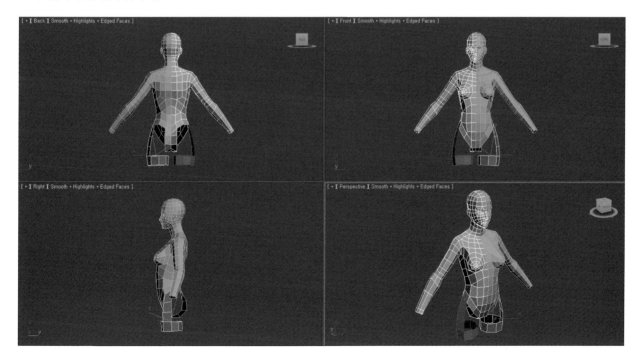

무릎의 위치와 다리의 실루엣 라인을 동시에 잡아줍니다.

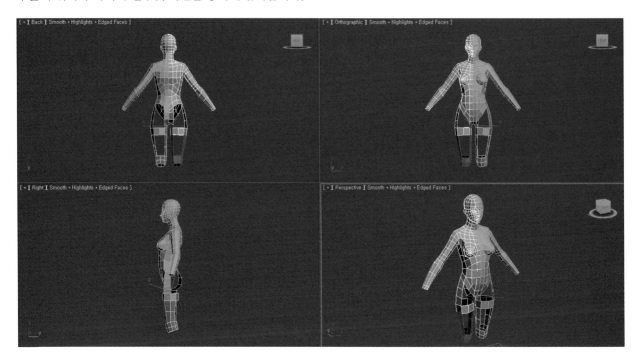

다리의 나머지 실루엣과 발목의 위치를 잡아줍니다.

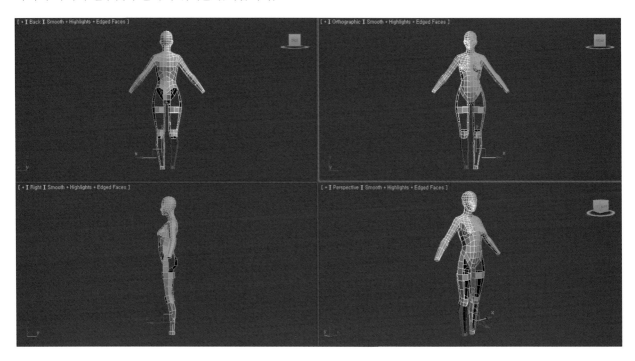

엉덩이 부분의 실루엣을 잡고 골반에서 떨어지는 부분의 폴리곤과 연결시킵니다.

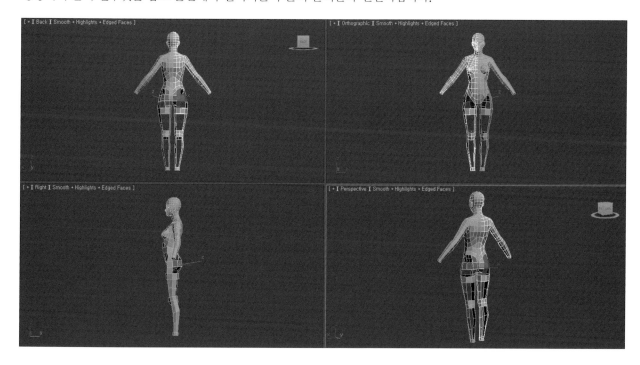

뼈대가 되는 부분은 완성된 상태이므로 빈 부분을 메꾸어 마무리합니다.

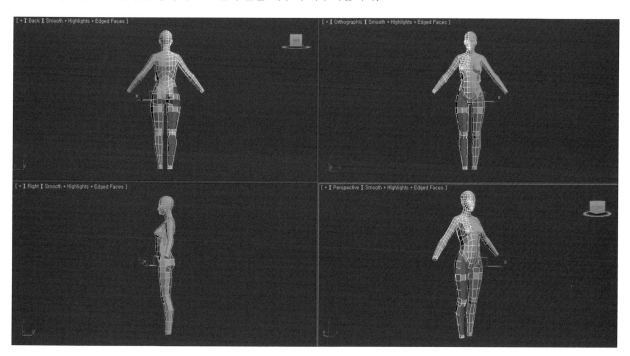

1-5 ▶ 손(Hand)

손가락을 만들기 위해 육각형의 실린더를 생성합니다(물론 사각형 혹은 팔각형으로 할 수도
있지만 여기에서는 그 중간인 육각형으로 시작하겠습니다).

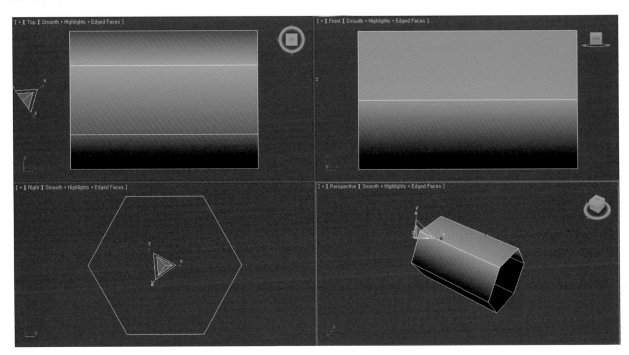

손가락 마디를 다음과 같이 연결합니다.

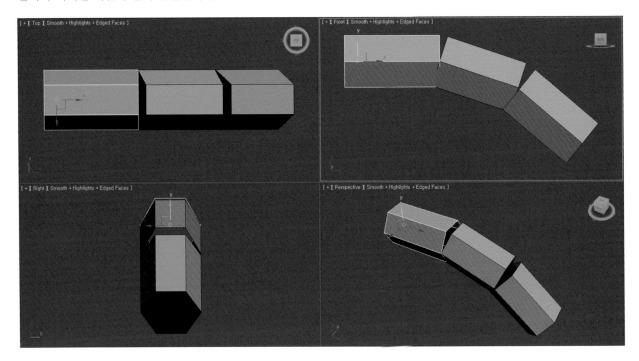

떨어져 있는 부분을 연결하는 동시에 손가락의 형태를 만들어줍니다.

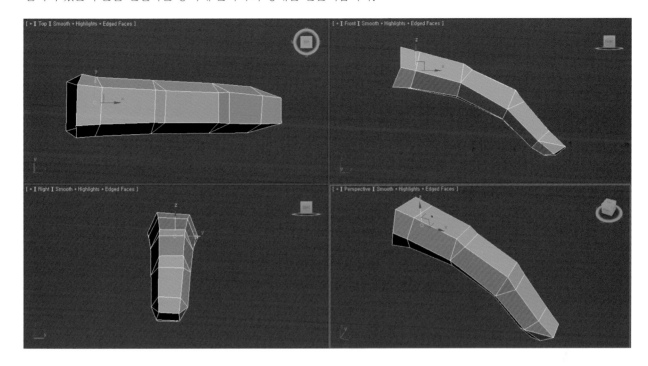

처음에 만든 손가락(가운데 손가락)을 복사하여 다섯 손가락의 위치를 대략적으로 잡아줍니다.

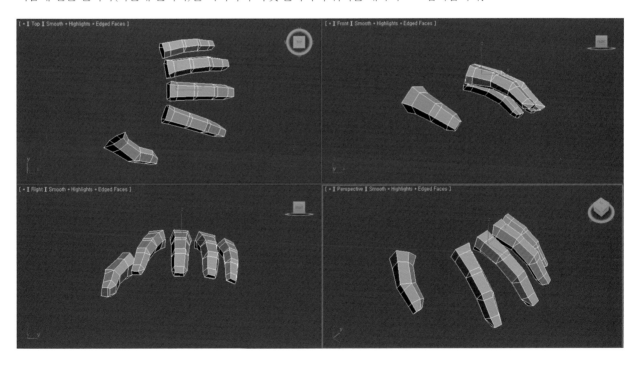

손가락과 손가락 사이를 연결하는 동시에 손의 실루엣을 만들어줍니다. 그리고 손목의 위치를 잡는데, 팔이 8각 실린더로 모델링되었기 때문에 손목이 연결될 부분도 8각으로 잡아서 마무리합니다.

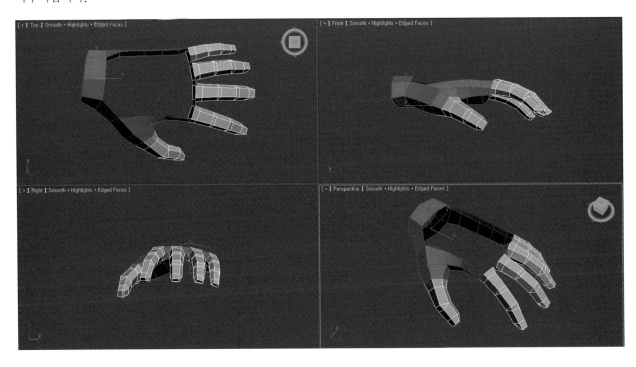

뼈대가 되는 부분들이 완성되었습니다. 나머지 빈 부분을 메꾸고 마무리합니다.

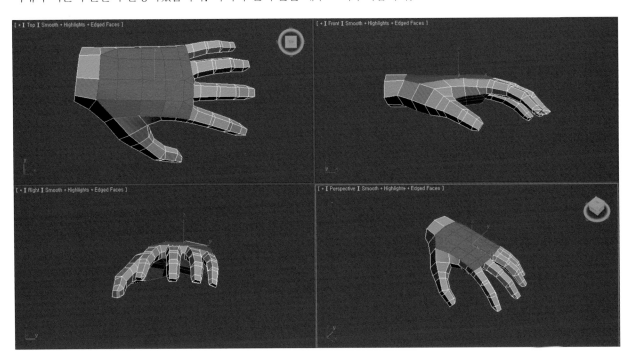

완성된 손 모델링을 팔에 붙여줍니다. 팔과 손목 모두 8각 실린더로 마무리하여 쉽게 연결할
수 있습니다.

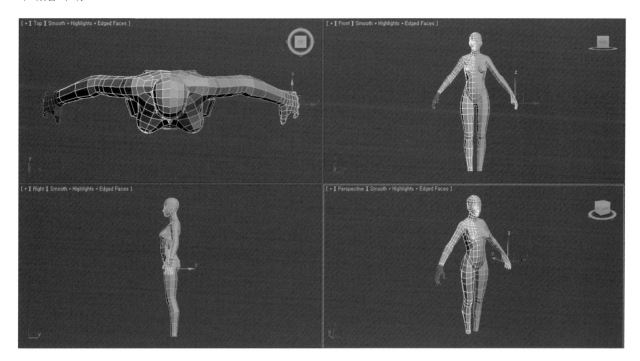

1-6 발(Foot)

8각 실린더로 되어 있는 다리와 마찬가지로 발목이 연결되는 부분도 8각을 이용하여 뒤꿈치
부분을 잡아주면서 발의 실루엣을 생성합니다.

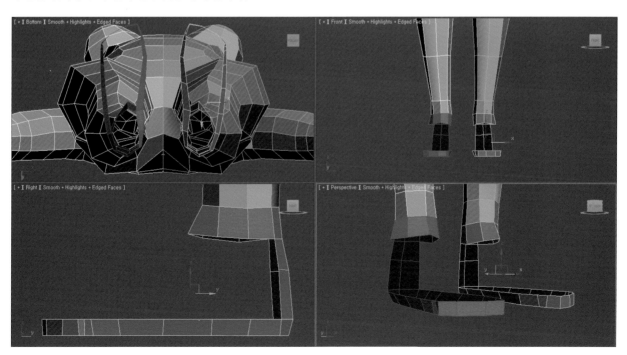

발가락을 따로 작업하는 경우는 거의 없으며 대부분 전체를 모델링한 후에 그리는 방법이
일반적입니다. 그렇기 때문에 발가락이 모여 있는 실루엣을 만들고 발가락의 모양을 잡아줍
니다.

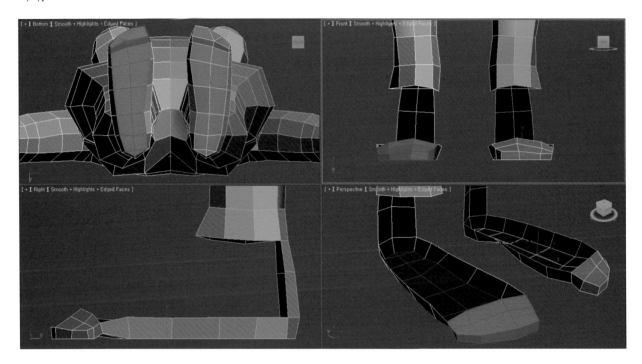

발등을 연결합니다.

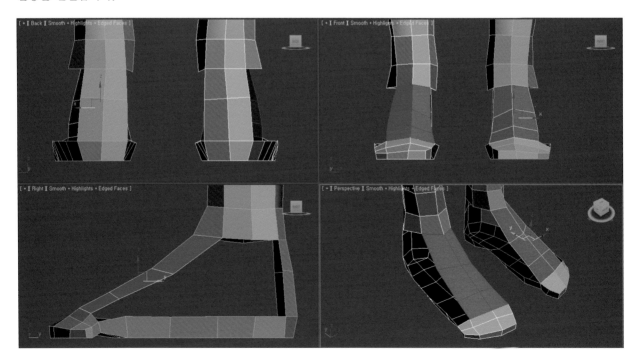

비어 있는 부분을 메꿉니다.

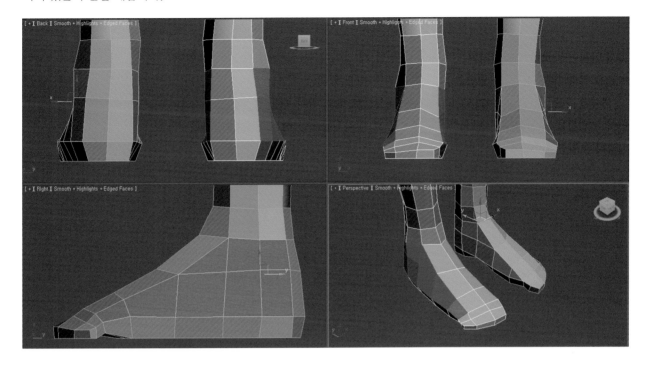

바디가 완성되었습니다.

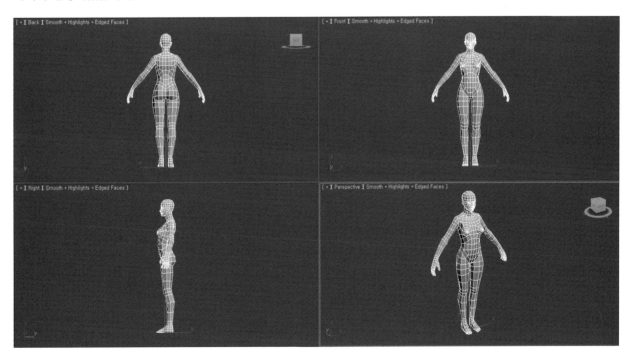

이제 만들어진 모델링을 가지고 인체 모델링을 할 내 알아야 할 실루엣에 관련된 포인트와 비율을 살펴보겠습니다. '모델링을 하기 전에 먼저 비율에 대한 설명을 해야 하지 않나?'라 고 생각할 수도 있겠지만 여기서는 초심자를 대상으로 하고 있기 때문에 복잡한 생각을 하 면서 모델링을 하는 것보다 먼저 가벼운 마음으로 따라해봤으면 하는 생각에 순서를 바꿔 설명하게 되었습니다.

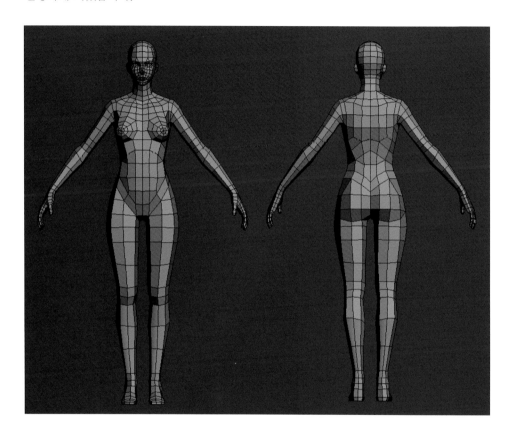

캐릭터 모델링 분야에 들어서게 되면 생각해야 할 사항이 상당히 많아집니다. 인체와 관련 된 이야기를 가장 많이 듣고, 생각하고, 또 고민하게 됩니다. 초반에는 왜 인체를 공부해야 하는지, 또 공부를 하면서도 내가 의사도 아닌데 왜 이렇게까지 알고 있어야 하는지 생각하 게 되는 적도 많습니다. 그저 죽어라 외우고 아무리 보기만 해도 머릿속에 잘 들어가지도 않 고 뭐가 잘 되었는지 잘못 되었는지조차 눈에 보이지 않습니다.

그래서 단순하게 인체의 어느 부분이 튀어나오고 들어갔는지에 대한 개념과 모양을 눈에 익 히는 방법을 생각해냈습니다. 처음부터 인체에 대해 골치 아파하며 고민하는 것보다 더욱 효과적입니다. 인체의 구조를 공부할 때 각면을 가지고 공부하는 것도 좋습니다. 근육의 모 양이 명확하게 드러나기 때문입니다.

2-1 ▶ 비율

전체 신장에 몇 개의 얼굴이 들어가는지에 따라 몇 등신인지 정해집니다. 다음의 캐릭터는
키를 기준으로 여덟 개의 머리가 들어가므로 8등신입니다. 그리고 몸의 정가운데에 치골이
위치하는 것을 알 수 있습니다.

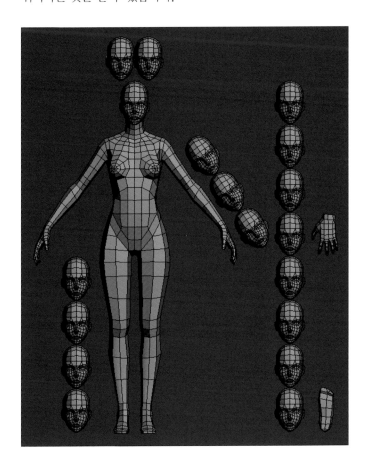

어깨 넓이에는 두 개의 머리가 들어갑니다. 남자의 경우라면 머리 세 개만큼의 넓이가 어깨
폭이 됩니다. 위 그림은 팔다리와 손발을 각각 얼굴 크기와 비교하여 비율을 잡은 결과물입
니다. 작업 시 참고하기 바랍니다.

다음 그림에서 점으로 표시한 부분은 인체에서 바깥쪽으로 튀어나와 있는 정점을 표시한 것입니다. 이 점들을 이으면 대략적인 실루엣이 만들어집니다. 측면의 기준선들은 간단히 무게 중심을 확인할 수 있도록 기준을 잡은 것입니다.

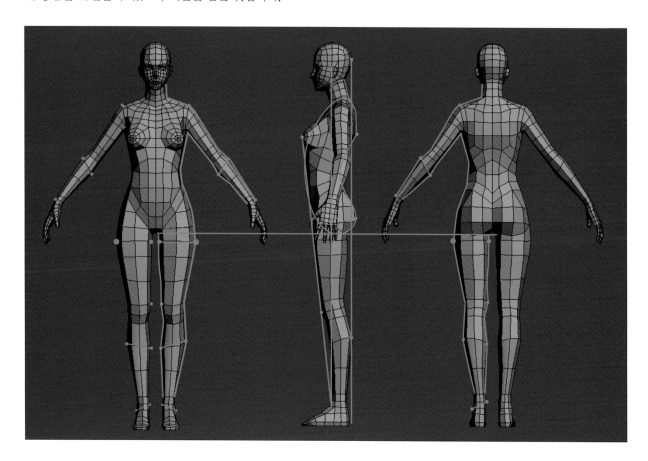

위에서 내려다보면 가슴이 대각선 방향으로 뻗어 있습니다(복잡할수록 단순하게 볼 수 있는 습관을 들이도록 합니다). 크게 비율을 체크하는 요령과 실루엣의 정점의 연결하여 실루엣 체크를 하는 요령에 대해서 알아보았습니다.

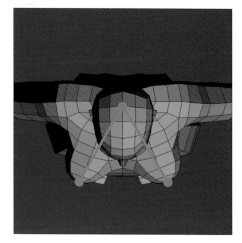

> **TIP**
>
> 바디페인터로 오브젝트 파일을 보내기 전에 Tune to Mesh에서 트라이 메쉬 상태로 보내는 것이 좋습니다. 폴리곤은 삼각형 메쉬를 기준으로 생성되므로 매핑을 했을 때 삼각형의 방향이 의도치 않게 나올 때가 있어서 아예 삼각형 형태로 설정하는 것이 좋습니다. 이 부분은 매핑 후 Edge Tune을 다루면서 자세히 살펴보겠습니다.

2-3 ▶ 캐릭터 UV

어떻게 UV 커팅이 되었는지 알아본 후 바로 매핑 작업을 진행하겠습니다. UV를 펴놓은 상
태입니다.

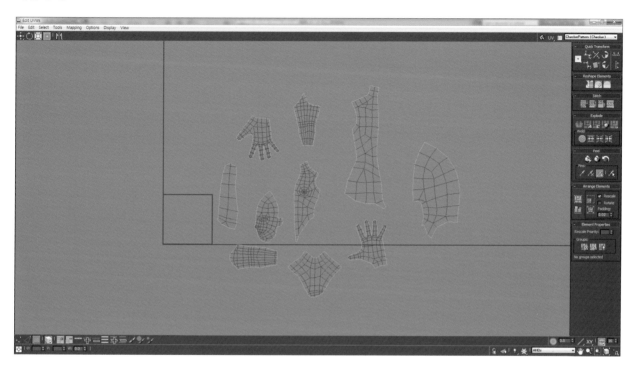

체커(Checker)의 크기가 제각각인 것을 확인할 수 있습니다.

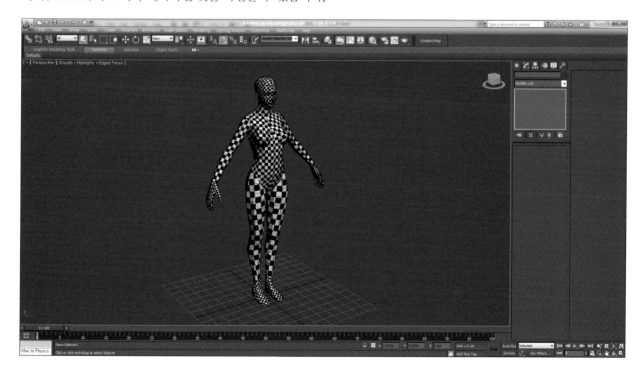

Pack: Custom을 클릭하면 체커의 크기를 균일하게 맞춰줍니다.

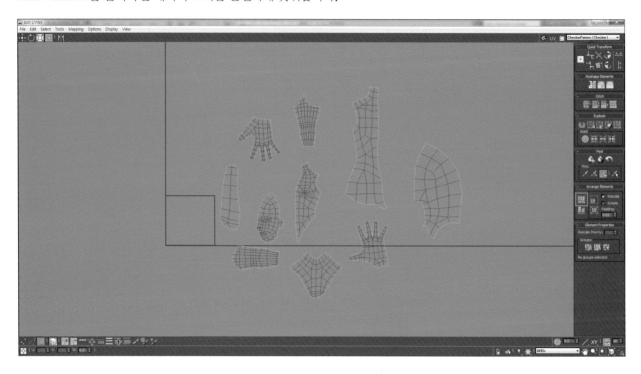

하지만 UV 배치가 비효율적이기 때문에 Pack: Custom이 적용된 상태에서 UV 정리를 하면
보다 수월하게 할 수 있습니다.

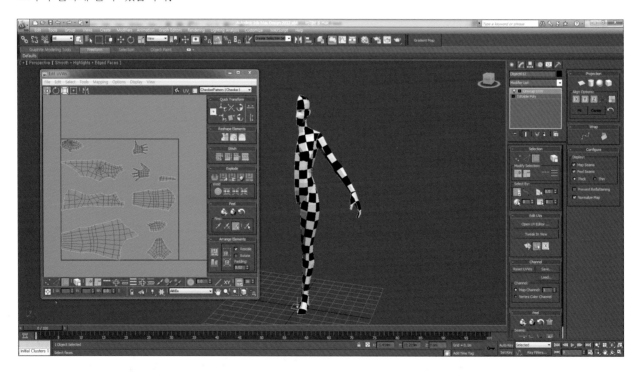

UV의 필요한 부분과 불필요한 부분의 체커를 효율적으로 배분해보겠습니다. 다음의 UV 배치는 얼굴을 강조하고 손바닥과 발바닥 부분을 줄여주면서 잘 보이는 곳과 그렇지 않은 부분의 배율 차이를 설정했습니다. 또한 사각형 안에 최대한 꽉 채워 넣어 불필요한 공간을 줄임으로써 해상도의 효율을 끌어올리기 위해 배치한 형태입니다.

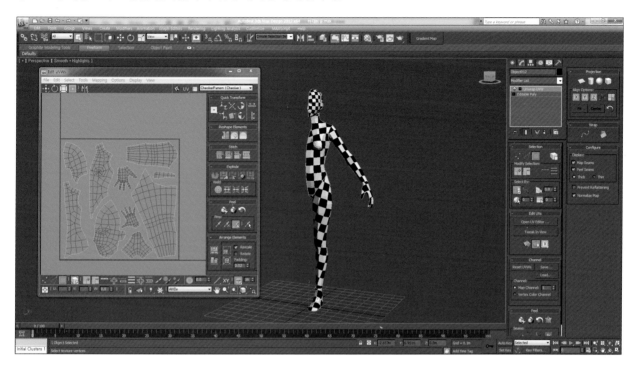

이제 와이어를 추출하여 베이스 맵소스를 PSD 확장자로 만들어주면 완료됩니다.

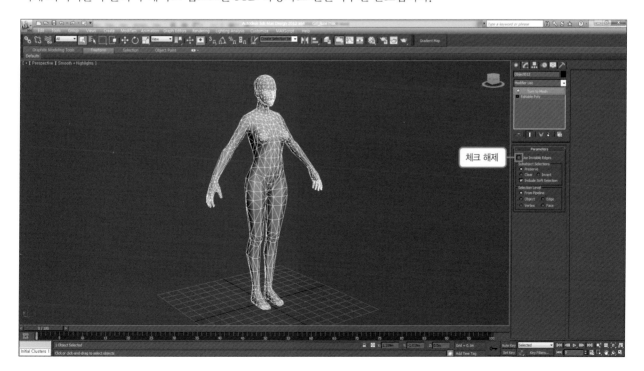

체크 해제

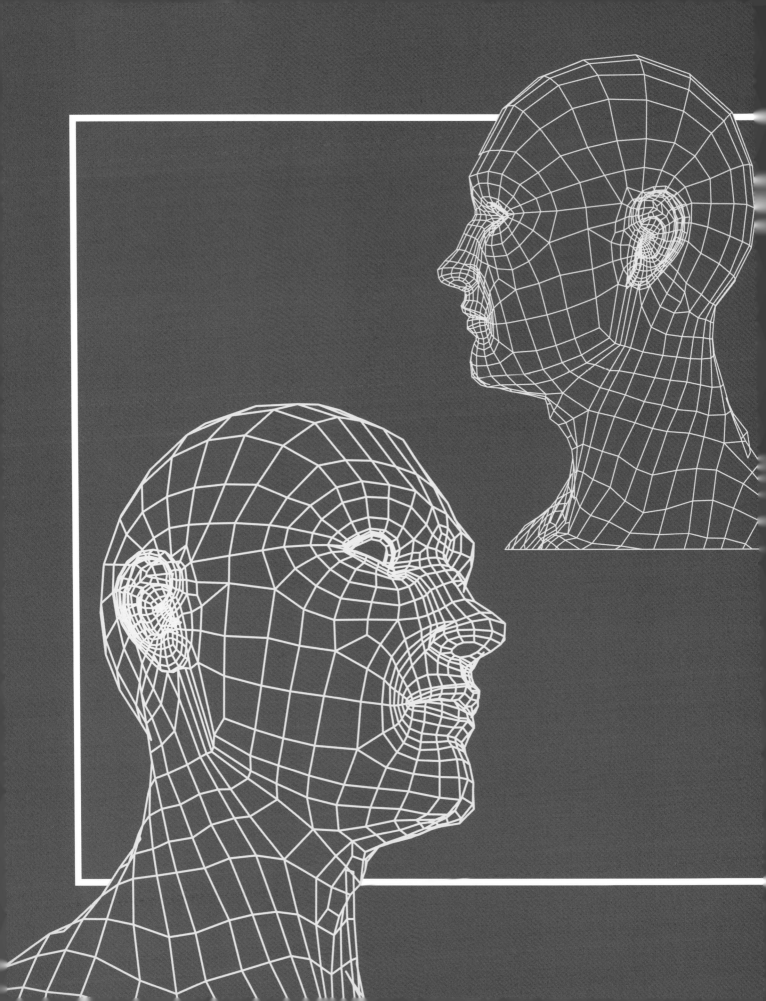

PART

05

캐릭터 매핑

캐릭터에서의 인체 묘사는 상당히 접근하기 힘든 종목 중 하나입니다. 정확한 인체 묘사를 위해서는 해부학을 공부하는 것이 최선이지만, 초심자나 일반 학생들로서는 접근하기 힘들 것이기 때문에 여기서는 근육의 모양과 묘사 위주로 정리했습니다. 예제를 여자와 남자 캐릭터로 구분하여 크게 몸, 얼굴, 손, 발의 네 부분의 인체 묘사 방법을 알아보겠습니다.

여자

여자 캐릭터 매핑을 진행해보겠습니다.

▼ 예제 파일 : Girl_Body

1-1 몸(Body)

매핑은 전체적인 초벌 이후 부분별(머리, 바디, 손, 발, 귀) 순서로 진행한 다음 마지막으로 밸런스를 다듬는 것으로 마무리하겠습니다.

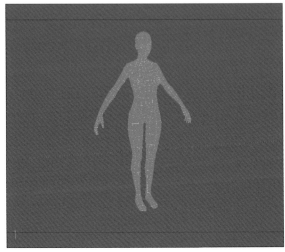

기본 과정은 칼을 매핑했던 요령과 같습니다. 우선 기본색을 입혀줍니다.

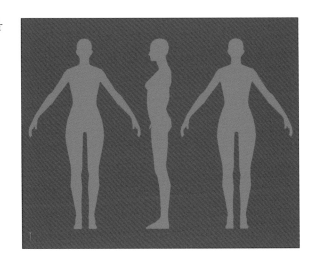

밝은 톤을 올려 기본 투톤 작업을 합니다.

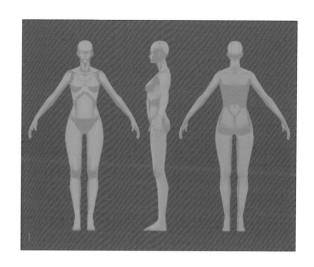

구조에 맞춰 투톤의 경계를 다듬어줍니다.

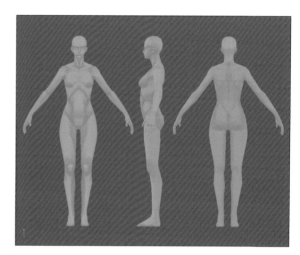

위에서 빛을 비추고 있는 느낌으로 밝은 부분을 칠해줍니다
(밝은 부분을 칠하는 곳을 체크하여 빛이 맺히는 느낌을 익히
는 것이 좋습니다). 여기서 밝은 부분은 빛이 위에서 떨어졌
을 때 만나는 부분을 말하며, 예제 파일의 레이어를 확인해
보면 쉽게 이해할 수 있습니다.

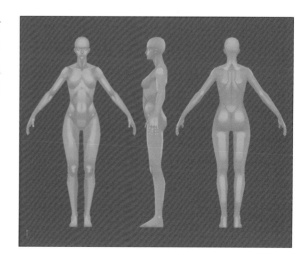

칼 매핑에서 했던 것과 같이 브러시의 겹침 기법을 이용하여
부드럽게 다듬으면서 그라데이션 작업을 합니다.

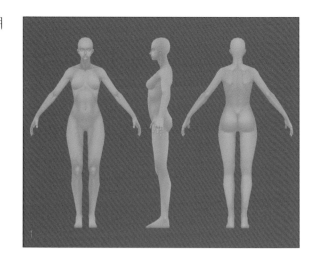

중간톤 작업이 어느 정도 진행되었으므로 다시 밝은 톤을 올
려주면서 다듬어줍니다.

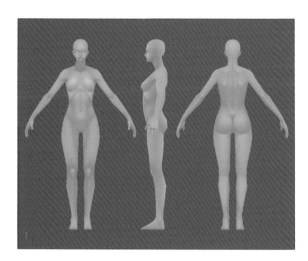

밝은 톤 작업과 동시에 음영을 넣고 입체적인 표현을 위한 깊
이를 표현합니다.

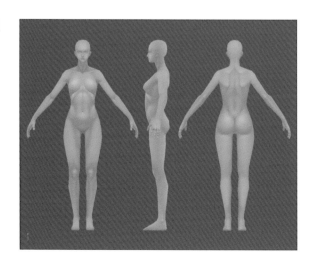

전체적인 톤 밸런스를 맞추기 시작합니다.

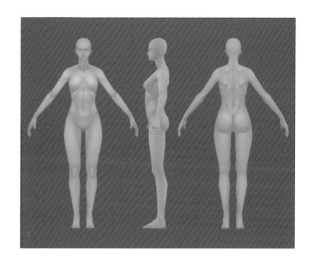

전반적인 디테일과 톤 작업을 마무리합니다.

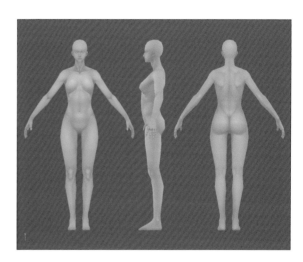

1-2 **얼굴(Face)**

▼ 예제 파일 : Girl_Mask

기본 색상을 입혀줍니다.

밝은 톤을 올리면서 투톤 작업을 통해 기본적인 입체감을 표현합니다.

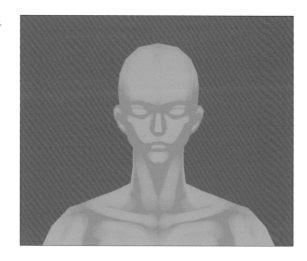

브러시의 겹침 기법을 이용하여 톤을 부드럽게 한 다음 경계면을 다듬어줍니다.

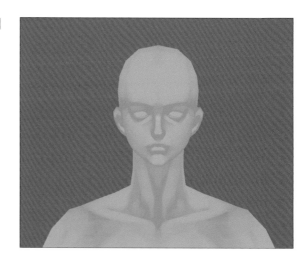

중간톤 작업이 어느 정도 진행되었으므로 밝은 톤을 올리기 시작합니다.

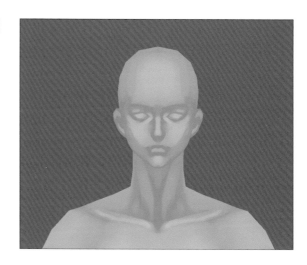

경계면을 다듬어줍니다.

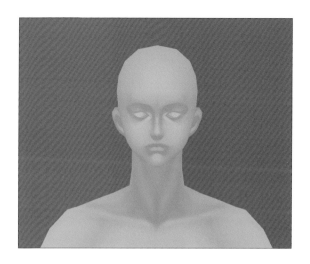

강하게 대비되어 묘사된 톤을 전체적으로 풀어줍니다.

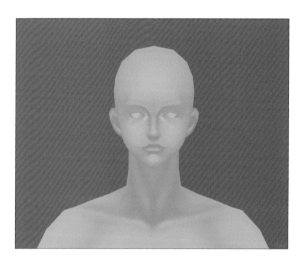

적당하게 작업되었던 인상을 다듬으면서 톤을 정리합니다.

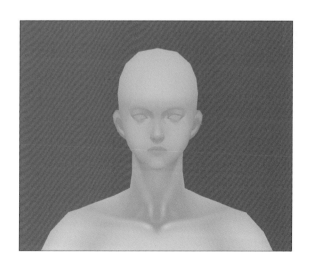

색감을 넣기 시작합니다.

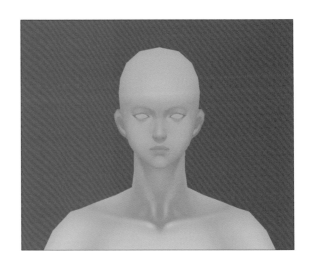

홍채를 표현하면서 입술의 기본 색상을 칠합니다.

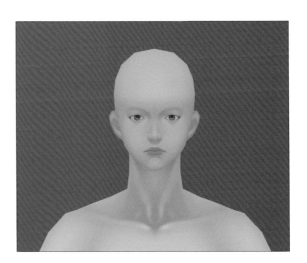

얼굴에 밝은 톤을 올리면서 아이라인과 안구의 그림자 표현,
코와 입술의 하이라이트 포인트를 작업합니다.

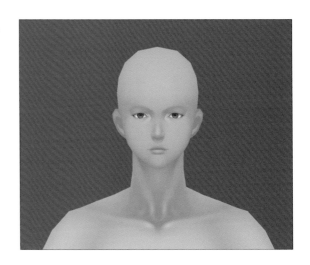

얼굴에서 빛이 맺히는 포인트 부분을 표현합니다.

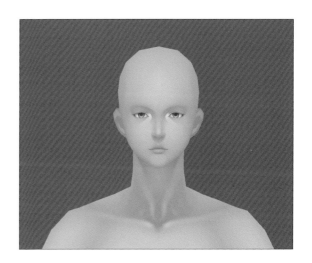

눈꺼풀 밑으로 안구에 생기는 그림자를 표현합니다.

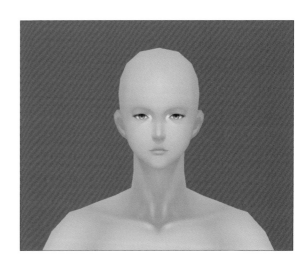

아이라인과 입술의 경계면 부분을 잡아주면서 조금씩 디테일을 표현합니다.

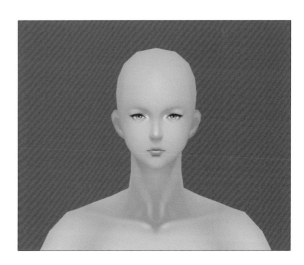

코와 입, 눈 주변 등 전체적인 하이라이트 포인트의 디테일을 잡아줍니다.

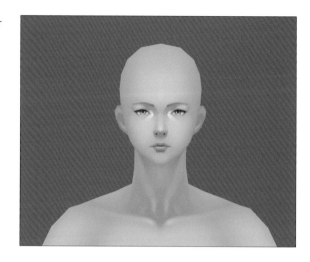

색감과 톤을 다듬어줍니다.

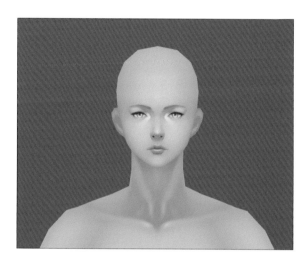

톤을 정리하고 세세한 디테일의 마무리 하이라이트 포인트를 잡아주면서 마무리합니다.

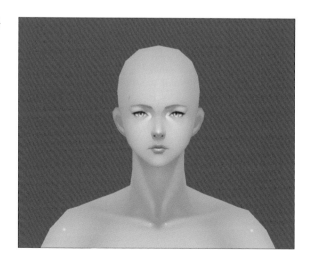

1-3 ▶ 손(Hand)

기본 베이스 색상을 깔아줍니다.

밝은 색을 올리면서 투톤 작업을 합니다.

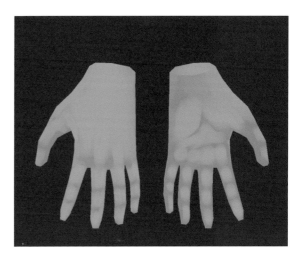

손등에 밝은 톤을 올립니다.

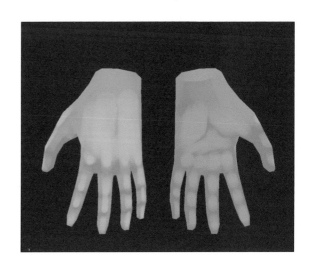

브러시의 겹침 기법을 이용하여 부드럽게 톤을 다듬어줍니다.

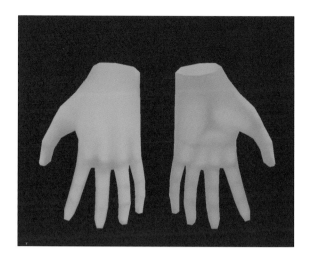

손톱을 그립니다.

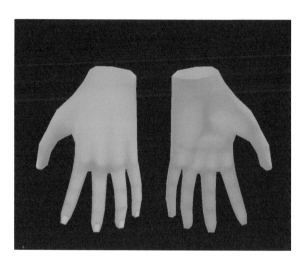

뼈 부분의 하이라이트를 잡는 것과 동시에 손바닥의 큰 구조를 적당히 묘사합니다(손바닥은 잘 보이지 않는 부분이므로 너무 세밀하게 표현할 필요는 없습니다).

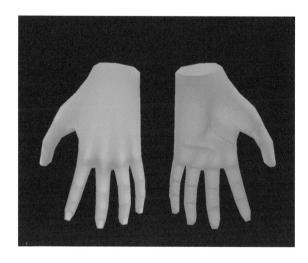

1-4 발(Foot)

기본 베이스 색을 깔아줍니다.

밝은 색을 올리면서 투톤 작업을
합니다.

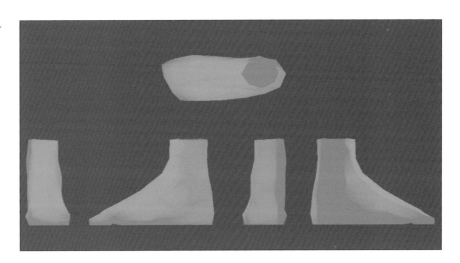

뼈의 구조에 맞게 밝은 부분을
표시합니다.

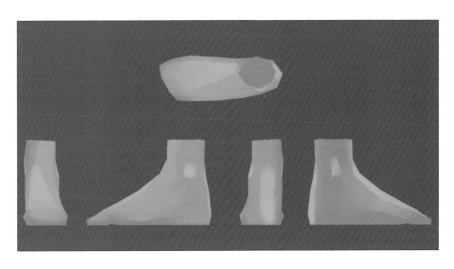

브러시의 겹침 기법을 이용하여
부드럽게 톤을 다듬어줍니다.

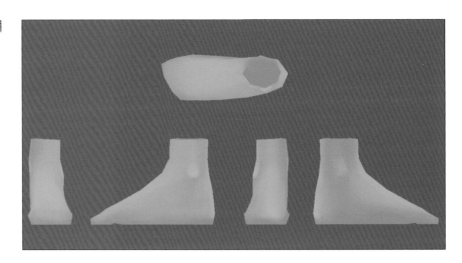

발가락 마디와 발등의 모양에 맞
게 밝은 부분을 잡아줍니다.

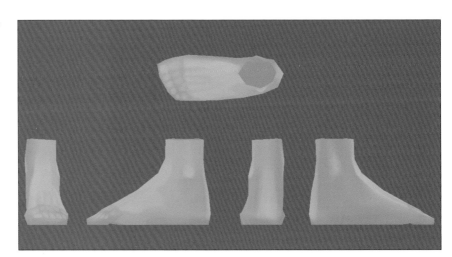

톤을 다듬으면서 그라데이션 작
업을 합니다.

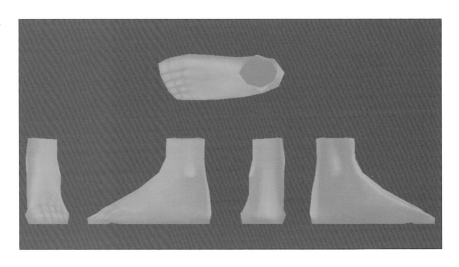

발톱을 그립니다.

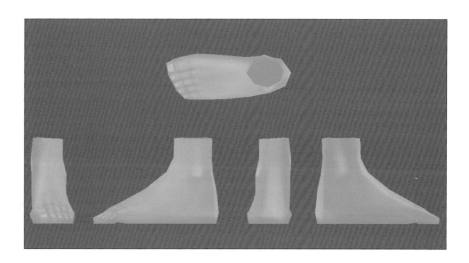

뼈마디를 표현합니다.

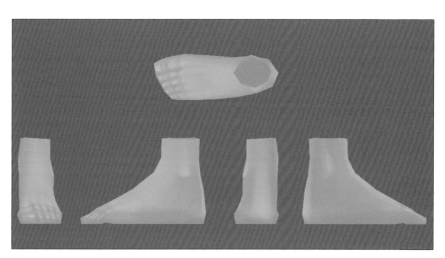

디테일과 정리되지 않은 톤들을
깔끔하게 정리하여 마무리합니다.

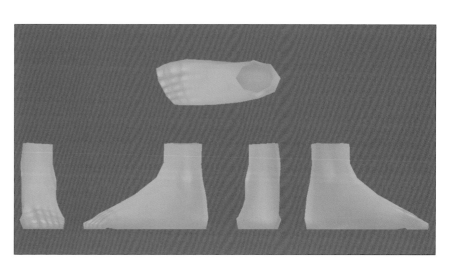

1-5 ▶ 귀(Ear)

기본 베이스 색을 깔아줍니다.

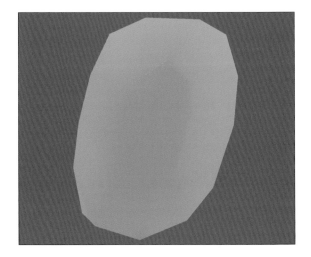

밝은 색을 올리면서 대략적으로 투톤 작업을 합니다.

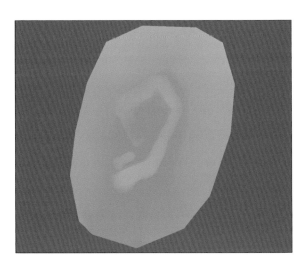

투톤 단계에서 귀의 모양을 잡아줍니다.

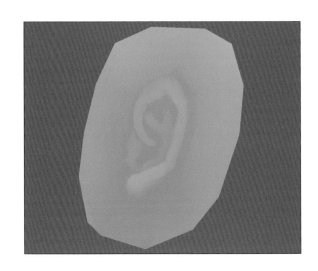

중간톤 위주로 표현되어 있으므로 밝은 톤을 잡아주면서 입체
감을 살려줍니다.

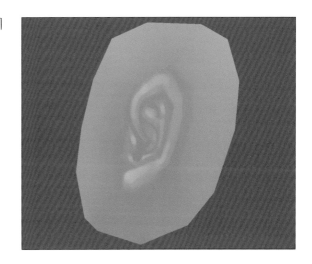

경계면을 다듬으면서 모델링에 맞게 묘사합니다.

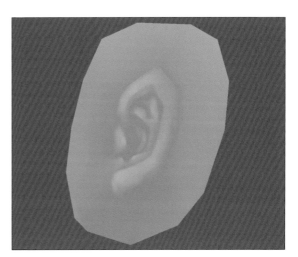

전체적으로 들어가고 나온 입체감을 주면서 마무리합니다.

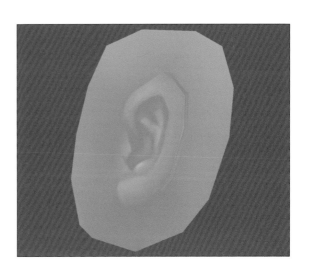

전체적으로 마무리된 상태입니다.

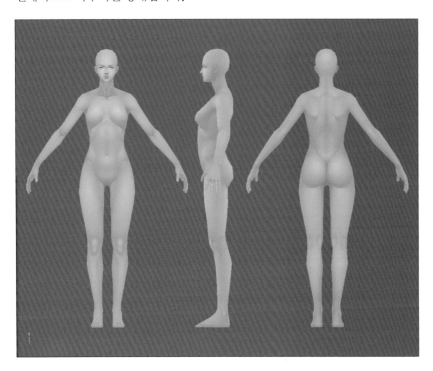

하이라이트 부분과 뼈가 튀어나온 부분을 강조하고 하이라이트 포인트를 찍어줌으로써 윤기 나는 피부를 만들어 마무리합니다.

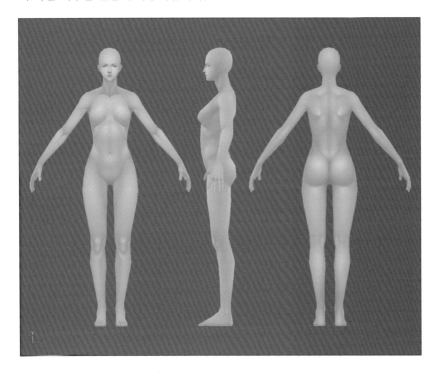

1-7 ▶ 화장(Makeup)

여자 캐릭터는 실제 사람과 같이 메이크업을 해주면 더 예쁘게 완성할 수 있습니다. 화장에 대해 잘 모르는 경우엔 메이크업 자료를 검색하거나 혹은 정말 예쁘게 만들어진 작품을 참고하면 좋습니다. 여기서는 무난하게 표현할 수 있는 방법을 알아보겠습니다.

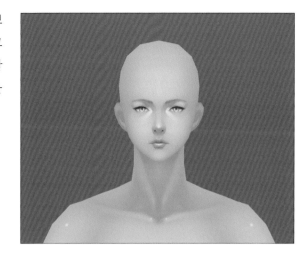

얼굴이 완성된 상태입니다. 속눈썹을 그립니다.

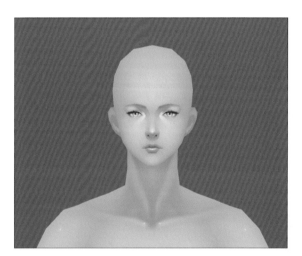

아이 메이크업 중 하나인 아이섀도 작업을 합니다. 메이크업 관련 레퍼런스나 튜토리얼은 인터넷에서 쉽게 찾을 수 있습니다. 그림과 관련된 튜토리얼을 보는 것이 좋지만 실제 사람의 메이크업 관련 자료를 봐도 상관없습니다.

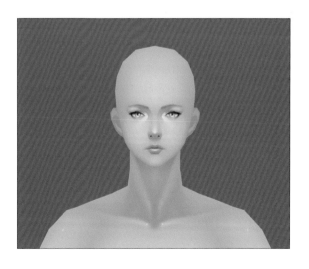

아이라인을 강조하면서 눈썹을 그린 후 마무리합니다.

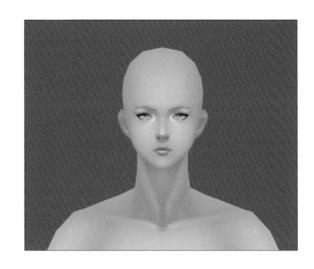

▼ 예제 파일 : Girl_Final

1-8 ▶ 머리카락(Hair)

처음 시작하는 초보자에게 헤어는 상당히 진입하기 힘든 데다, 캐릭터 작업을 하면서도 어려움을 느끼는 고난이도의 작업입니다. 여자 캐릭터의 헤어 작업을 단계적으로 설명하면서 헤어를 완성해나가는 과정을 익혀보겠습니다.

작업할 원화를 선정할 때에는 최대한 장발을 피하는 편이 좋습니다. 작업해보고 싶은 마음이 굴뚝 같아도 대부분 처음 헤어 작업을 하게 되면 잘 되지도 않을뿐더러 도중에 질려버리고 맙니다. 모든 입체 표현은 똑같습니다. 헤어 작업을 시작할 때 가장 먼저 '저 머리카락을 다 그려야 하나?' '어떻게 작업하지?'라는 생각에 고민하며 작업할 엄두를 내지 못하는 것이 대부분입니다. 물론 처음에는 쉽지 않겠지만 큰 덩어리부터 차근차근 쪼개서 작업하다 보면 어느새 완성되어 있을 것입니다.

헤어 작업 시 주의해야 할 두 가지 사항이 있습니다.

첫 번째로, 헤어 작업을 할 때는 절대 머리카락을 가닥가닥 표현하지 않으려고 노력해야 하며, 두 번째로 덩어리를 살려서 묘사해야 한다는 점입니다. 묘사가 많은 작업을 하다보면 큰 덩어리의 입체감이 망가집니다. 이러한 점에 신경 쓰는 습관을 들이는 연습을 해야 합니다.

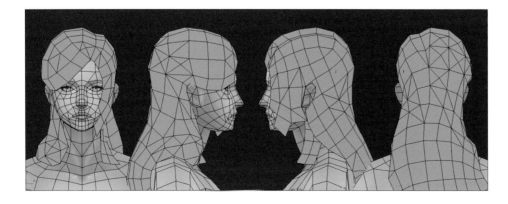

모델링 과정은 생략합니다. 현재 헤어 모델링이 완료된 상태입니다. 앞에서 설명한 방법과
동일하게 기본색을 어둡게 깔아줍니다.

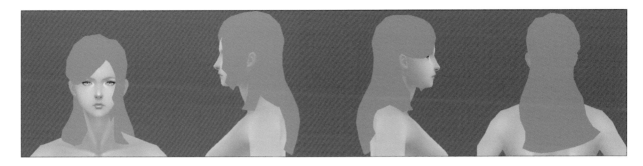

밝은 톤을 잡아주면서 투톤 작업, 즉 기본적인 입체 작업을 합니다.

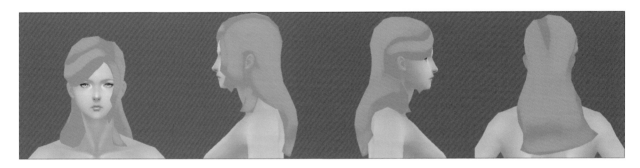

어두운 부분의 색감을 이용해 적당히 덩어리를 쪼개 작업합니다.

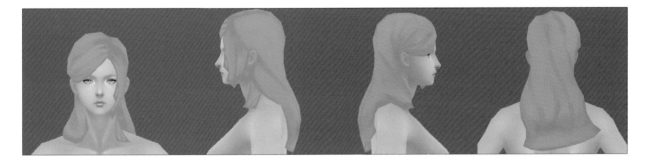

이번에는 밝은 톤의 색감을 이용하여 덩어리를 나눠갑니다.

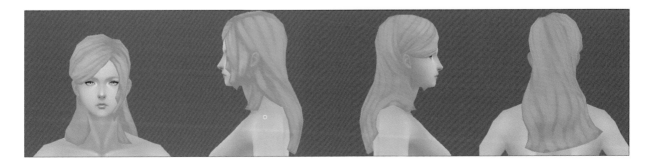

전체적인 덩어리의 느낌을 조금씩 정리합니다.

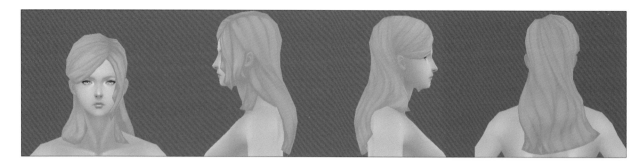

덩어리 작업을 어느 정도 마친 시점에서 하이라이트 흐름을 잡아줍니다.

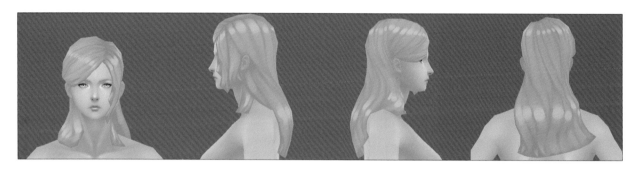

하이라이트 색감을 풀면서 결의 느낌에 맞춰 색감을 퍼뜨려줍니다.

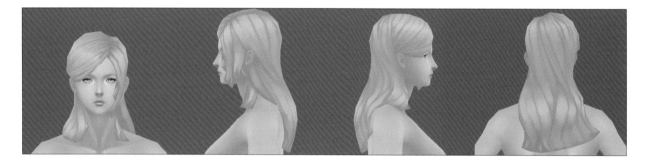

TIP

헤어 작업 시 주의해야 할 사항 중 하나가 헤어가 줄처럼 보이지 않아야 한다는 점입니다. 밝은 부분과 어두운 부분의 강약을 살리는 것이 중요하며, 가급적 헤어의 시작점과 끝부분의 톤을 이용하여 안쪽으로 묘사하며 들어오는 것이 중요합니다.

천천히 결을 살립니다.

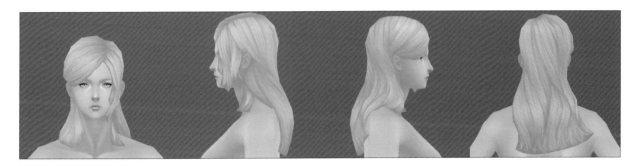

결의 디테일을 살리기 시작합니다.

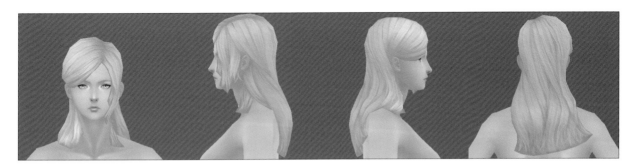

디테일을 표현합니다. 덩어리를 쪼갠다는 생각으로 계속 작업하면 결이 조금씩 세밀해지면
서 완성에 가까워지는 것이 느껴집니다.

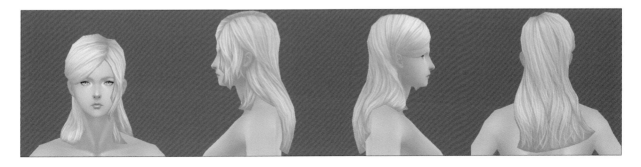

어느 정도 결의 느낌이 나왔습니다. 앞에서는 하이라이트 색감을 풀었다면 이번에는 하이라
이트가 맺히는 느낌으로 작업합니다.

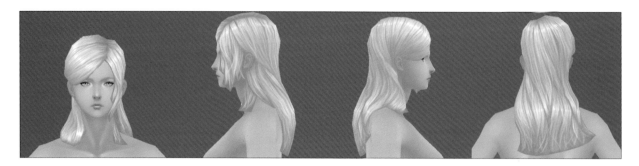

헤어의 디테일이 살아나도록 거칠고 듬성듬성한 결의 사이사이를 메워서 마무리합니다.

마지막으로 알파 작업을 위해 투명하게 처리할 부분을 블랙으로 칠합니다. 알파 작업을 할
때 레이어를 나누지 않고 작업하여 종종 실수하는 경우가 있습니다. 항상 알파 작업을 하는
레이어는 따로 제작하며, 혹시 다른 레이어에 칠하고 있지 않은지 확인해야 합니다.

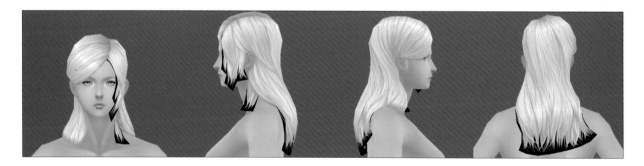

3D MAX에서 헤어맵을 적용한 상태입니다. 투명하게 표현하는 작업은 맥스에서 크게 이미
지를 이용한 방법과 채널을 이용한 방법 두 가지로 사용할 수 있습니다. 먼저 이미지를 이용
한 방법을 알아보겠습니다.

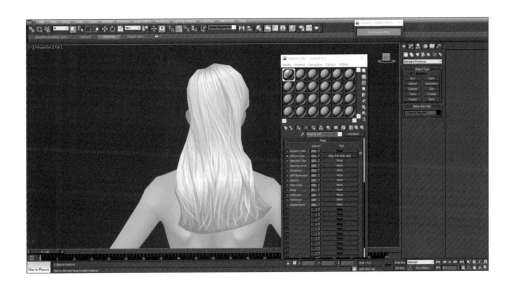

헤어 맵소스입니다. 오른쪽 그림은 기본 맵소스인 Diffusemap이며, 왼쪽 그림은 알파 작업을 하기 위한 Opacitymap입니다.

알파 작업을 한다는 것은 보통 투명하게 표현하는 작업을 뜻하지만 실무에서 작업을 하다 보면 엔진의 세팅에 맞게 알파가 다른 용도로 쓰이는 경우가 많습니다. 필자가 굳이 알파 작업이라고 말하는 이유는 작업자들이 통상적으로 사용하는 경우가 많기 때문에 알아두면 좋기 때문입니다.

모바일 프로젝트에서는 보통 알파 작업을 피하는 편입니다. 드로우 콜 때문입니다. 이 알파 작업이 엔진 내에 생기게 되면 한 오브젝트당 두 번의 드로우 콜이 발생하기 때문에 그만큼 게임이 무거워집니다. 1픽셀의 알파가 있어도 게임 자체가 무거워지고 상당한 과부하를 일으키게 됩니다. 모바일 게임의 경우 PC와는 다르게 조그마한 디바이스에서 처리되어야 하기 때문에 최대한 가벼워야 하고 발열량도 적어야 합니다. 모든 유저가 고사양 디바이스를 가지고 있는 것은 아니므로 낮은 스펙의 디바이스에서도 가동할 수 있게 만들어야 합니다. 알파 작업 방법을 알고있으면, 알파를 쓰지 않는 프로젝트에서는 그 부분의 폴리곤을 끊어 지워줍니다. 폴리곤을 오려준다는 표현을 쓰기도 합니다.

이제 Opacitymap을 적용해보겠습니다. 이미지를 저장할 때 확장자를 TGA 파일로 작업하 겠습니다. R, G, B 자체가 각각 8비트씩 할당하기 때문에 24비트로 저장합니다.

Opacitymap을 적용한 모습입니다. 머리카락의 끝이 깔끔하게 그려진 것을 볼 수 있습니다. 이미지로 적용한 Opacitymap의 경우 적용하면 바로 볼 수 있습니다. 간혹 제대로 적용했음 에도 전체적으로 불투명하게 보일 때가 있는데, 이는 Opacitymap에서 화이트로 칠해진 부 분에 아주 약간의 색이 섞였기 때문입니다.

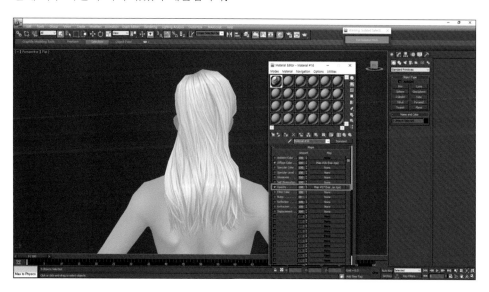

화이트 컬러의 세팅이 정상적으로 적용된 상태입니다.

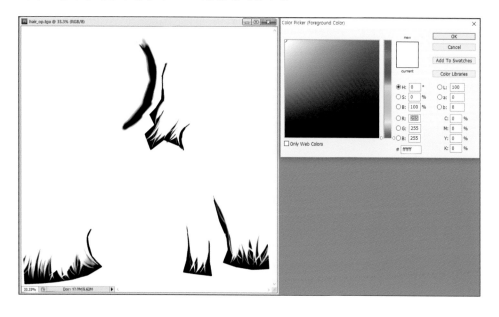

수치를 보면 1만큼의 채도가 빠진 것을 확인할 수 있습니다. 육안으로 확인하기 힘든 수준입니다. 보통 화이트가 제대로 적용되었다고 생각하지만 이와 같이 1만큼이라도 다른 색이 섞이면 화이트로 될 부분이 제대로 적용되지 않습니다.

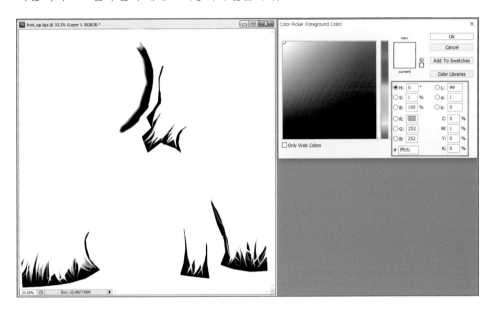

다음으로 채널을 이용하여 알파를 적용해보겠습니다. 디퓨즈 맵 자체는 똑같지만 채널이 다르게 세팅됩니다. 알파 채널이 하나 더 추가되었습니다. TGA 파일을 32비트로 저장합니다. R, G, B가 각각 8비트를 할당하여 8비트의 또 다른 채널이 생성되었기 때문입니다.

생성된 채널에 만들어둔 Opacitymap을 삽입합니다. 채널에 삽입할 때는 Ctrl + C (복사), Ctrl + V (붙여넣기)를 사용합니다. 처음에 설명한 맵 적용 방법과 동일하지만 채널에 Opacitymap이 적용되어 세팅되었습니다.

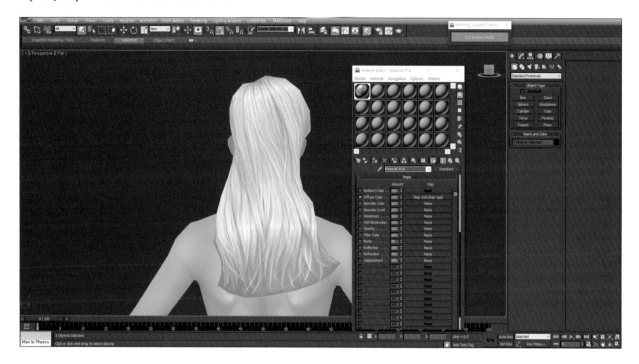

설명한 방법과 같이 Diffusemap을 적용합니다. Diffusemap을 그대로 드래그하여 옮겨줍니다. 전체적으로 반투명한 느낌이 되었습니다.

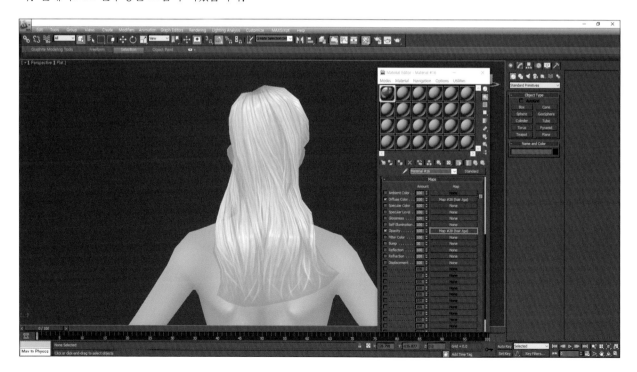

Opacitymap 메뉴로 들어가면 RGBIntersity로 기본 설정이 되어 있는데, 이를 Alpha로 바꾸면 처음의 결과물과 똑같이 알파 작업을 한 부분이 빠진 것을 확인할 수 있습니다.

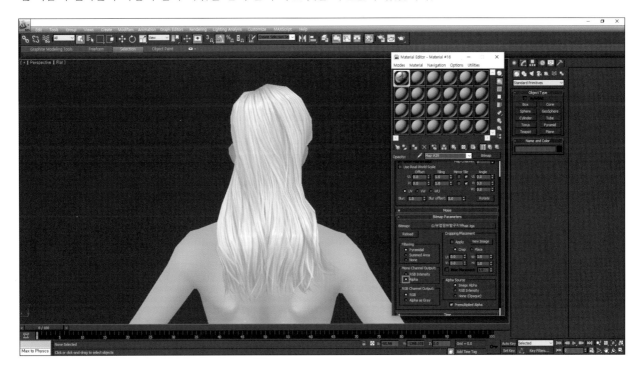

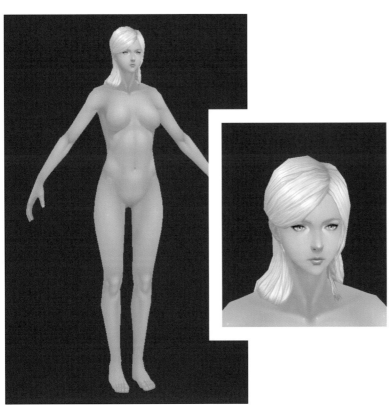

② 남자

지금까지 여자 캐릭터의 모델링과 매핑에 대해 알아보았습니다. 앞에서는 모델링 과정부터 설명했지만 이번에는 모델링 과정을 건너뛰고 매핑부터 작업해보겠습니다. 보통 톤 작업을 우선하고 디테일을 잡아가는 방법이 통상적이지만 이번 과정에서는 인체를 묘사하기 편한 방법으로 작업해보겠습니다.

개인 작업자 대부분이 남자보다 여자 캐릭터를 위주로 작업을 하는 경우가 많습니다. 하지만 여자 캐릭터 위주의 작업을 하다가 남자 캐릭터로 넘어가면 작업의 갈피를 잡지 못하는 경우가 발생합니다. 여자 캐릭터를 작업할 때는 생각보다 인체의 구조적인 부분을 크게 신경 쓰지 못하는 경우가 많아서 사진 자료를 보고 대충 비슷하다고 생각하여 마무리하는 경우가 많습니다.

필자가 고민 끝에 생각해낸 방법은 인체를 각면 느낌으로 도식화해보자는 것이었습니다. 필자 역시도 상당히 많은 고민을 안고 작업을 합니다. 레퍼런스를 통해 필요한 부분을 잘 발췌하여 작업하는 경력자 역시 '복근의 구조는 똑같은 것으로 알고 있는데, 왜 사진이나 작품마다 달라 보이는지' 등 여러 가지 생각하고 또 고심할 것입니다. 따라서 기본적인 느낌 한 가지를 외우고 있으면 조금 수월할 것이라는 판단하여 고안해낸 작업 방법을 알아보겠습니다.

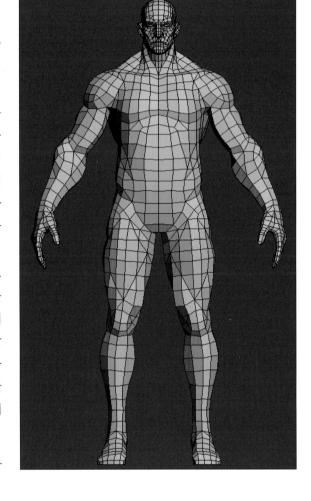

오른쪽 그림은 매핑 작업을 할 모델링입니다. 편의상 필자가 가지고 있는 모델링을 수정하여 작업했습니다.

기존에 가지고 있는 샘플을 지브러시에서 편집해 쓰거나 필요에 따라 지브러시로 스컬핑 작업을 한 다음 토폴로지 작업(흔히 면 따기 작업이라 하며, 작업된 하이폴 모델링 위에 새로 모델링하는 것으로 노멀 작업에서 주로 쓰입니다)으로 새로 모델링합니다. 위의 모델링은 실루엣과 와이어를 근육 구조에 맞춰 작업한 결과물입니다. 이제 작업 과정에 대해 알아보겠습니다.

2-1 ▶ 몸(Body)

▼ 예제 파일 : Man_Body

UV 작업과 체커 작업까지 마친 상태입니다. 체커는 UV를 균일하게 펴주는 작업과 해상도 작업으로 나뉘며, 다음은 두 작업을 모두 마무리한 상태입니다.

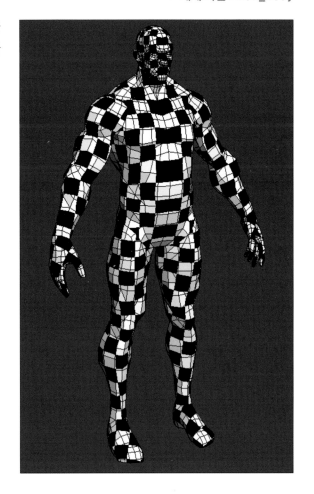

UV 작업을 마치고 매핑 작업을 하기 위한 베이스 형태의 맵입니다.

매핑을 위한 기본적인 작업이 마무리되면 오브젝트를 바디페인터로 옮겨줍니다.

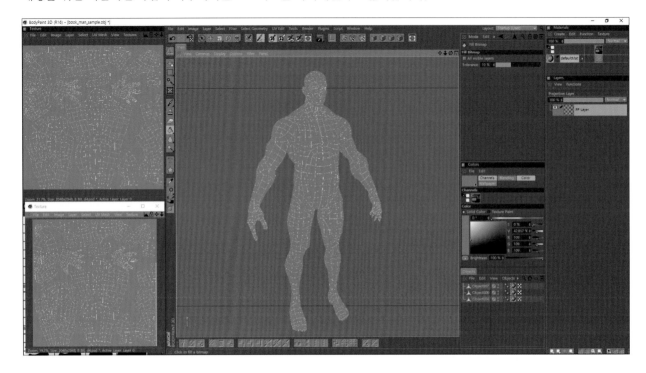

기본 색감 작업을 합니다.

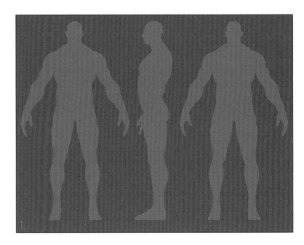

앞서 여자 캐릭터를 작업했던 것과는 다르게 덩어리 작업을 하지 않고 근육 모양을 도식화하여 단순하게 표현합니다. 덩어리 작업을 하는 방법은 같지만 근육의 모양을 조금 더 보기 편하게 작업한 것입니다.

구조적인 부분을 이해하고 있으면 체형의 변화가 급격한 캐릭터와 몬스터 등 여러 가지 형태를 더욱 자연스럽게 표현할 수 있습니다.

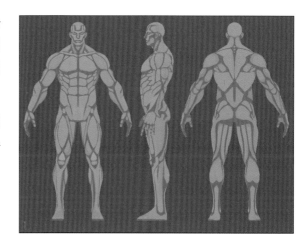

여기서부터는 앞에서 설명한 것과 똑같이 경계를 부드럽게 다듬는 작업을 합니다. 경계를 다듬으면서 근육의 모양을 표현합니다.

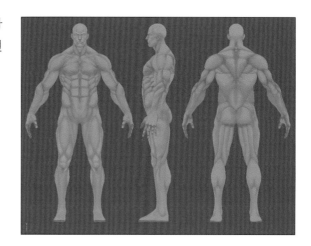

부드럽게 다듬는 작업 이후 좀 더 명확하게 근육의 형태를 잡아줄 부분에 천천히 강약을 표현합니다.

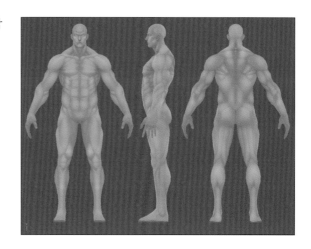

조금씩 디테일 표현을 시작합니다.

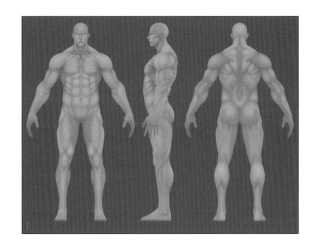

인체 구조를 보여주는 것도 좋지만 피부를 작업한다는 점을 감안하여 중간중간 근육 간의 경계를 부드럽게 풀어줍니다(여기서 중요한 포인트는 구조를 망가뜨리지 않고 적당한 수준에서 부드럽게 풀어주는 것입니다. 나중에 근육 간의 강약을 잡아주기는 하지만, 중간에 한 번 풀어주는 작업이 필요합니다).

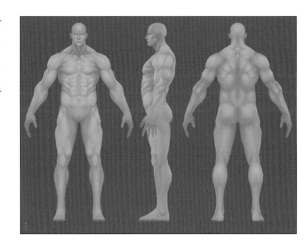

묘사에 신경을 쓰다 보면 덩어리에 대한 큰 톤을 놓치는 경우가 많습니다. 지금도 그와 비슷한 상황으로, 이럴 때에는 톤을 한 번 정리하면서 묘사합니다(묘사와 덩어리 체크를 항상 염두에 두는 습관을 길러야 합니다). 근육 간의 경계에 강약을 표현합니다.

TIP

실제 사진 자료를 참고해보면, 근육 사이의 골은 보통 붉은 갈색의 느낌이 납니다. 골의 강약을 표현할 때는 멀티 레이어를 이용하여 어두운 갈색으로 입혀줍니다.

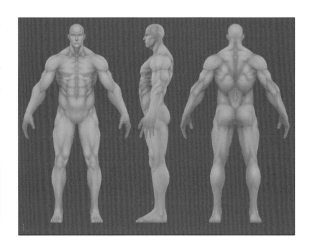

색상을 강하게 입히면 어색해보일 수 있으므로 자연스러운
표현을 위해 멀티 레이어의 오퍼시티 값을 조정합니다. 다음
그림과 같은 경우 오퍼시티 값을 100%에서 50%로 변경했습
니다.

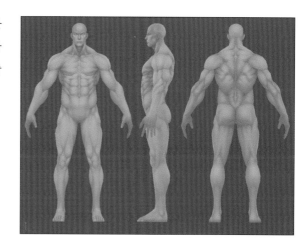

전체적인 톤 정리를 하며 마무리합니다.

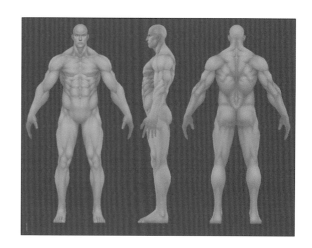

완료된 작업의 전체적인 톤에 대비가 필요합니다. 대비를 줄
때 포토샵에서 레벨(Level)이나 커브(Curve)를 이용하는 것이
통상적이지만 조금 다른 방법을 이용할 수도 있습니다.

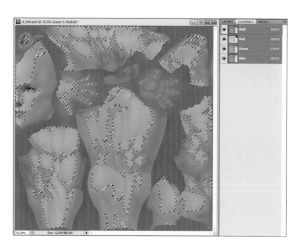

> **TIP**
>
> RGB 채널을 보면 'Ctrl+2'라고 되어 있는데 이것을 Ctrl + Alt
> + 2 로 누르면 셀렉트되면서 알 수 없는 영역이 잡힙니다. 잡힌 영
> 역은 이미지가 가지고 있는 RGB 값의 전체적인 밝기의 50%를 잡
> 은 것입니다. 이 상태에서 Ctrl + J 를 눌러 선택된 영역을 레이어
> 로 분리해 복사합니다. 보통 밝은 영역의 레이어 블렌딩은 스크린
> (Screen)으로 작업하지만 그렇게 되면 너무 하얗게 타버리므로 소
> 프트라이트(SoftLight)로 블렌딩합니다. 반드시 정해진 것은 아니므
> 로 블렌딩 자체는 필요한 타입을 사용해도 되며, 블렌딩 적용 후 강
> 약은 오퍼시티로 조절하면 됩니다.

앞에서 설명한 블렌딩 방식을 적용한 결과물입니다.

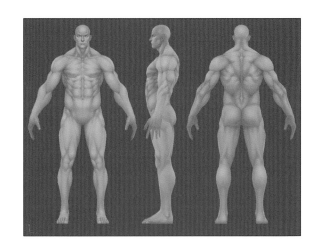

밝은 부분의 대비를 조절했다면 이제 어두운 부분의 대비를
편집하겠습니다. 오브젝트를 선택한 상태에서 Ctrl+Shift
+I를 누릅니다(Ctrl+Shift+I는 포토샵에서 선택 영역
반전 단축키입니다). 밝은 영역의 50%를 잡은 셀렉트에서 선
택 영역을 반전하면 어두운 부분의 50%가 잡히게 됩니다. 그
상태에서 Ctrl+J를 누르면 어두운 부분의 50% 영역이 복
사됩니다. 어두운 영역을 멀티로 적용해보겠습니다. 상당히
강하고 전체적으로 어둡게 나옵니다.

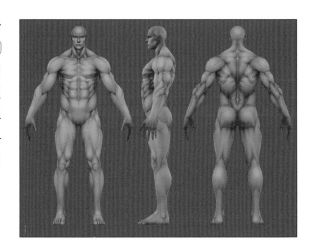

멀티로 블렌딩한 레이어의 오퍼시티 값을 20%로 낮춰준 결과
자연스럽게 블렌딩되었습니다. 밝은 부분과 어두운 부분을 블
렌딩하여 작업을 마무리합니다.

TIP

레이어로 블렌딩했을 때의 장점은 밝은 부분과 어두운 부분을 레이
어로 나누어 보다 디테일하고 일반적인 수치로 작업할 수 있다는 것
입니다. 그렇다고 레벨이나 커브로 작업을 하면 안 된다는 것이 아닙
니다. 작업물의 아웃풋이 잘 나오기만 하면 괜찮습니다. 반드시 정해
진 방법은 없으므로 편한 방법을 선택해 작업합니다.

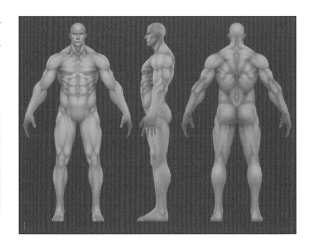

▼ 예제 파일 : Man_Mask

남자 얼굴은 여자와는 조금 다릅니다. '같은 사람인데 특별히 뭐가 다르지?'라고 생각할 수도 있지만 남자 캐릭터와 여자 캐릭터는 각각 표현해야 하는 포인트에 약간의 차이가 있습니다.

남자 여자 모두 같은 사람이기에 구조적으로는 똑같습니다. 하지만 여자 캐릭터는 최대한 구조적인 표현을 자제하면서 인상 묘사와 색조에 중점을 두며 작업했다면, 반대로 남자 캐릭터는 구조적인 부분이 조금 더 두드러지게 표현해야 합니다.

얼굴의 기본 색감을 깔아줍니다.

여자 캐릭터에서 표현한 것과 같이 밝은 부분을 표시해줌으로써 기본적인 투톤 입체 볼륨을 만듭니다.

앞에서 설명한 브러시 사용법을 이용해 중간톤이 끊어지는 부분을
자연스럽게 연결합니다.

광대뼈와 볼 부분의 구조를 표현하고 목 아래의 톤을 낮춥니다.

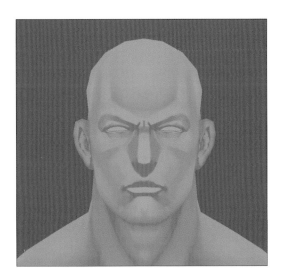

디테일을 조금씩 넣으면서 밝은 포인트를 표현합니다.

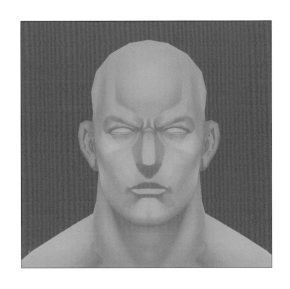

인상을 적당히 표현합니다.

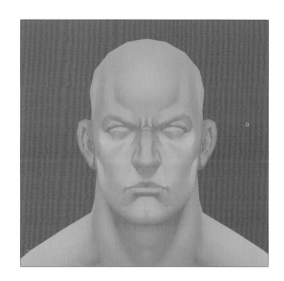

눈과 눈꺼풀을 잡아줍니다.

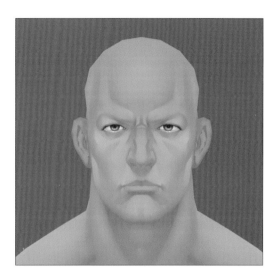

눈가에 그림자를 넣으면서 밝은 포인트를 집어줍니다.

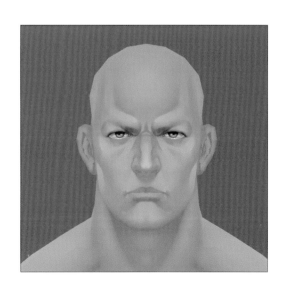

구조적인 표현 위에 피부를 얹는다는 생각으로 인상을 깔끔하게 다듬습니다. 눈가가 조금 밝은 경우 톤을 낮춥니다.

피부 톤을 다듬으면서 조금씩 얼굴의 디테일을 잡습니다. 눈에 하이라이트를 표현합니다.

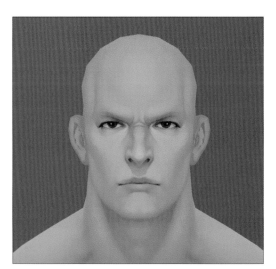

전체적인 톤과 피부결을 정리하면서 계속해서 디테일을 표현해나 갑니다.

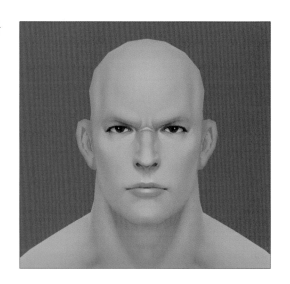

전체적인 톤을 맞추고 디테일 작업을 마무리합니다.

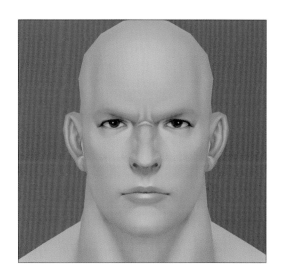

더 자연스러운 마무리를 위해 눈썹과 민머리를 표현했습니다. 민머리는 특별히 묘사를 가하지 않고 색감만 입혀주었습니다.

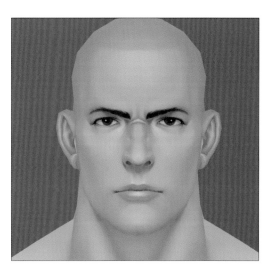

2-3 **손(Hand)**

▼ 예제 파일 : Man_Hand

남자 손의 매핑에 대해 알아보겠습니다. 기본 베이스 컬러를 깔아줍니다.

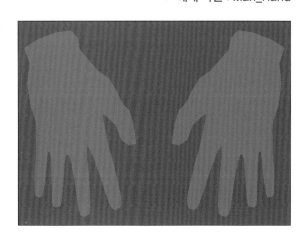

밝은 톤을 올리면서 입체감을 표현합니다.

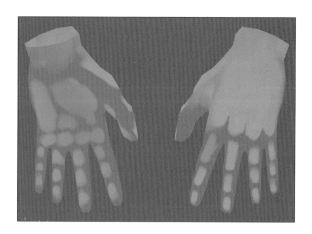

부드럽게 톤을 다듬어줍니다.

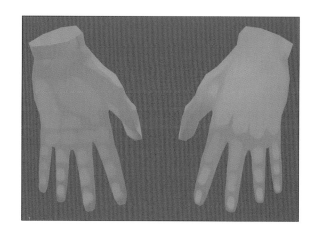

경계면을 다듬으면서 구조적으로 묘사합니다.

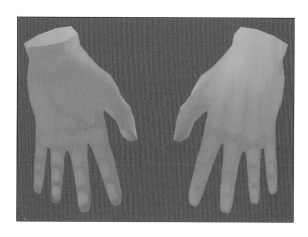

조금씩 뼈마디의 강약을 표현하면서 디테일 작업을 진행합니다.

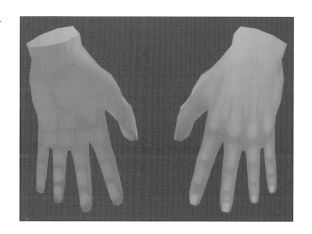

여자 캐릭터와 달리 남자 캐릭터에서는 대체로 구조적인 느낌이 잘 드러나도록 작업합니다. 손과 같은 경우에는 살짝 불거진 뼈에 신경을 써서 묘사합니다.

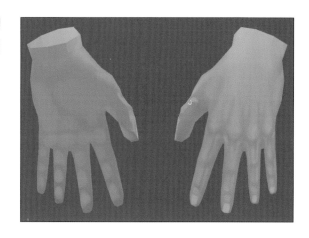

뼈의 느낌과 위치가 어느 정도 묘사되었으므로 튀어나온 부분의 밝은 톤 묘사를 진행합니다.

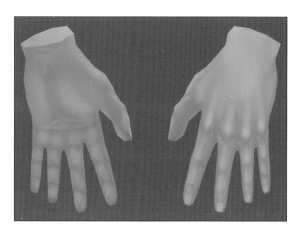

손가락이 접히는 관절 부분의 주름을 묘사합니다.

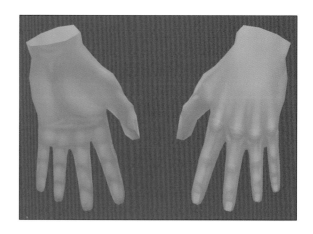

손바닥은 잘 보이지 않기 때문에 너무 세밀하게 묘사할 필요
는 없습니다. 대략적인 손바닥의 느낌만 묘사하는 것으로 마
무리하면서 손 작업을 마칩니다.

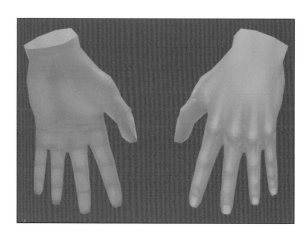

2-4 발(Foot)

▼ 예제 파일 : Man_Foot

기본 베이스 컬러를 깔아줍니다.

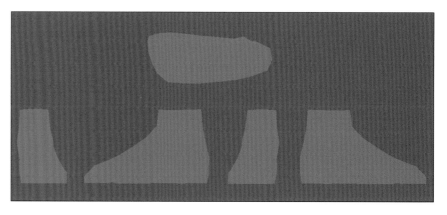

밝은 톤을 올려 투톤 작업을 합
니다.

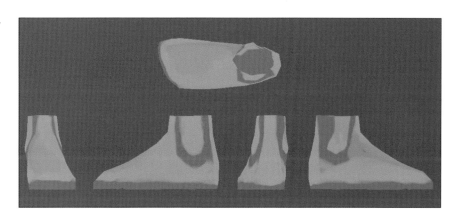

거칠게 표현된 브러시의 경계
를 풀어주면서 중간톤을 만듭
니다.

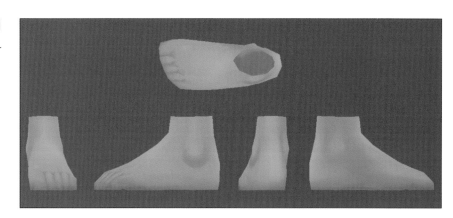

뼈의 위치를 잡아주면서 디테일
작업을 진행합니다.

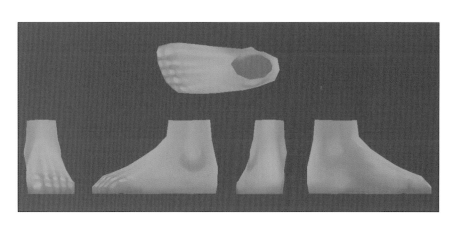

근육 모양을 잡아주면서 디테일
작업을 진행합니다.

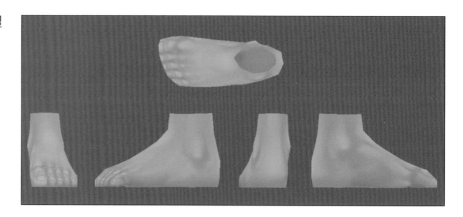

전반적인 톤 정리와 함께 마무리
합니다.

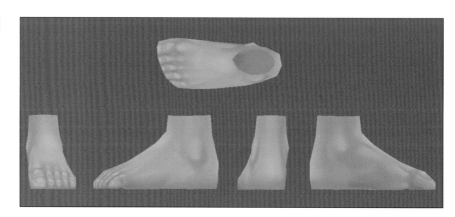

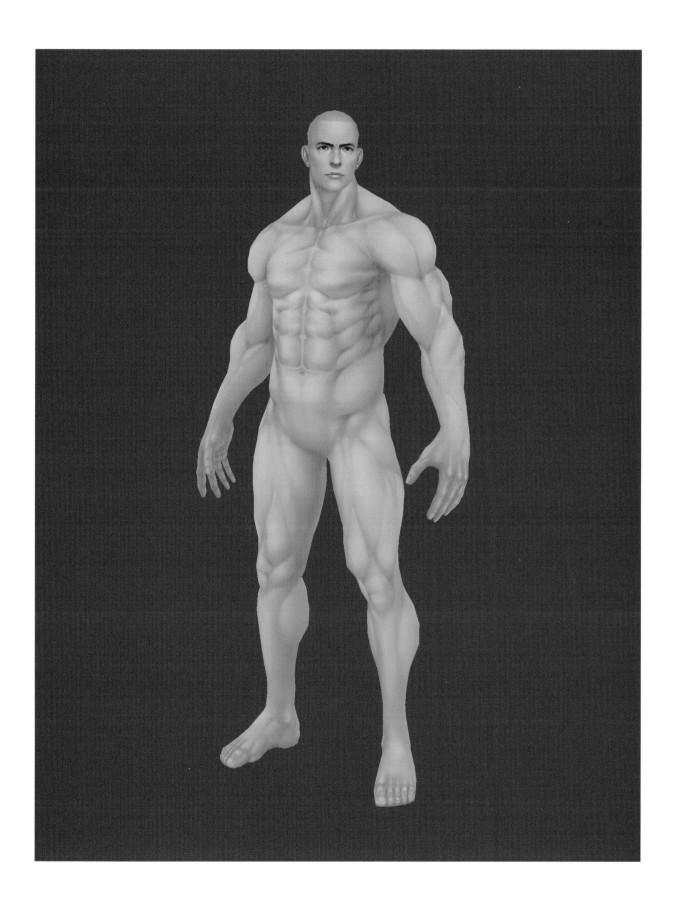

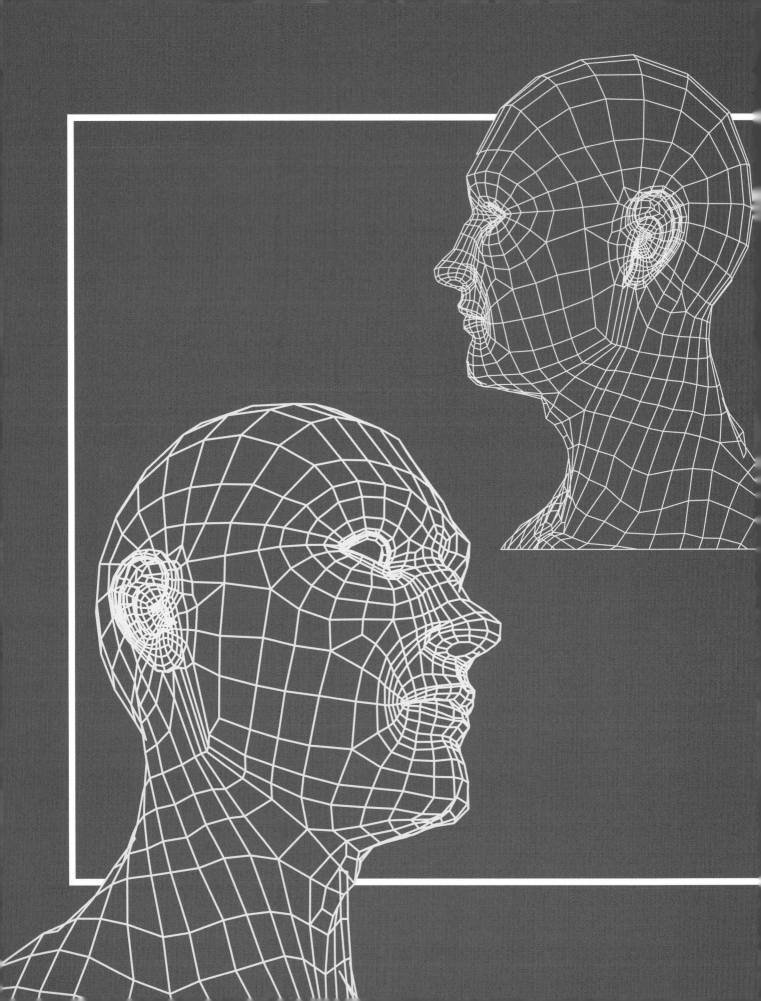

PART

06

재질

갑옷, 천, 가죽, 나무 등 다양한 재질에 대해 알아봅니다. 갑옷을 통해 금속 묘사에서의 빛 표현과 반사광 표현에 대해 알아보고, 천 묘사의 중요한 포인트인 큰 덩어리를 유지하면서 주름의 강약을 표현하는 연습을 단계적으로 진행해보겠습니다. 가죽 재질은 천 재질을 표현하는 것과 비슷하지만 재질의 강도와 두께의 차이로 느낌이 다른 부분이 많습니다. 하지만 주름을 다루는 점은 비슷합니다. 가죽 재질의 워커 작업을 통해 가죽을 묘사하는 방법에 대해 알아보겠습니다. 나무 질감을 표현할 때는 소스를 사용하여 리터칭하는 방법으로 작업할 수도 있지만 브러시의 겹침 기법을 이용해서 나무 질감을 표현하는 방법에 대해 알아보겠습니다.

1 금속(Metal)

게임 캐릭터에서 가장 많이 작업하는 재질 중 하나가 금속입니다. 갑옷 예제를 통해 금속 재질의 표현 방법을 알아보겠습니다.

1-1 금속에서의 빛 표현

금속 작업에서는 빛이 맺힘 표현이 중요합니다. 다음의 그림은 일반적인 톤을 표현한 것입니다. 톤이 단계적인 느낌으로 부드럽게 표현됩니다.

다음 그림에서는 하이라이트와 어둡게 맺히는 부분과 반사광을 확인할 수 있습니다. 톤의 변화가 단계적이기보다 밝기가 극단적으로 나뉘어 표현되어 있습니다.

> **TIP**
>
> 금속에서 빛 맺힘을 표현할 때 쨍한 느낌을 주기 위해 하이라이트나 밝은 톤을 세게 찍었음에도 불구하고 재질이 잘 표현되지 않는 경우가 있습니다. 금속 표현의 포인트는 빛 맺힘을 얼마나 효과적으로 표현하는지의 여부에 달려 있습니다. 빛이 맺히는 부분을 부각시키기 위한 포인트는 밝은 톤과 하이라이트를 더욱 세게 찍는 것이 아니라 빛이 맺히는 부분 외의 톤을 어둡게 하는 것입니다.

1-2 ▶ 갑옷(Armor)

▼ 예제 파일 : Armor

갑옷을 모델링한 상태입니다.

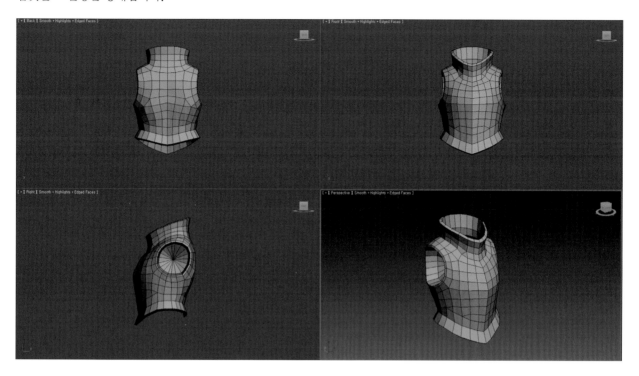

기본 베이스 컬러를 깔아줍니다.

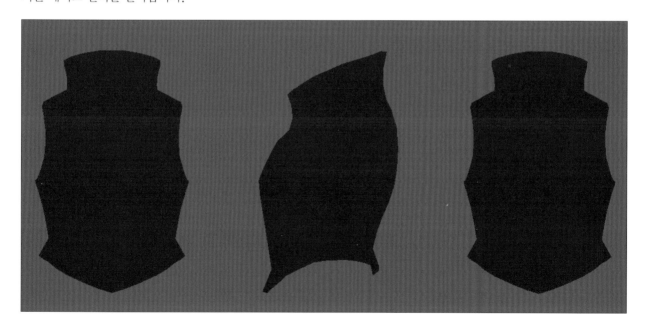

중간톤이 될 색상을 적당히 깔아줍니다.

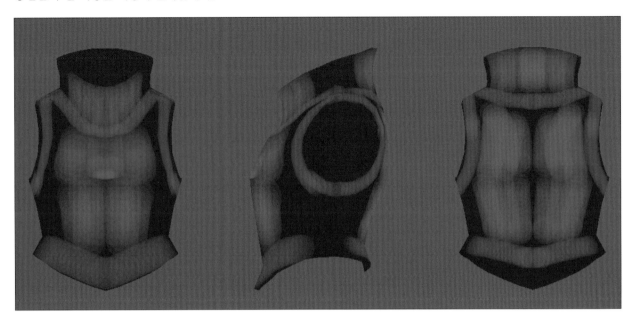

톤을 정리합니다.

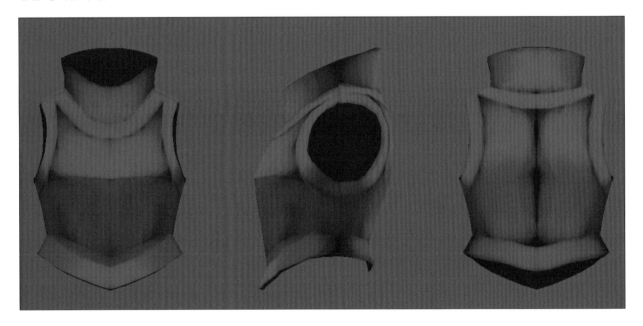

밝은 톤이 칠해질 포인트를 잡아서 칠합니다. 이때 밝은 톤과 하이라이트는 단계를 구분하
여 생각합니다.

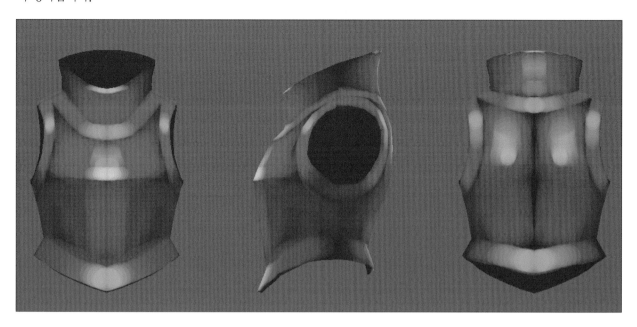

포인트를 기준으로 브러시 겹침 표현을 이용하여 주변부로 풀어줍니다.

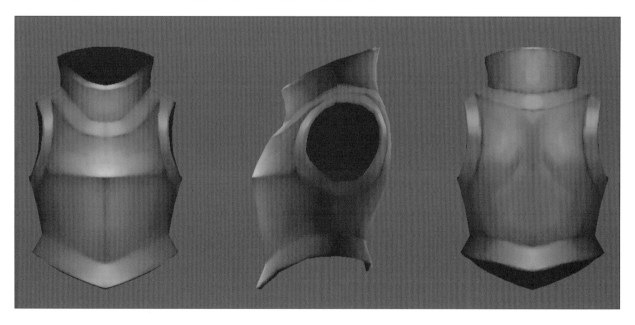

거칠게 표현된 느낌을 다듬어줍니다.

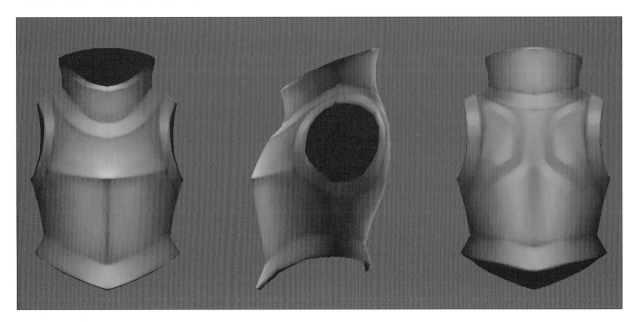

하이라이트 컬러를 칠하기 위한 포인트를 찍습니다.

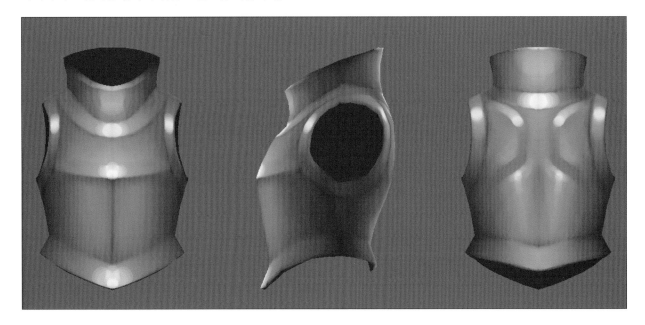

마찬가지로 브러시 겹침 기법을 이용하여 주변부로 풀어줍니다. 브러시 느낌을 살리는 기법
도 있지만 여기서는 깔끔하게 마무리하는 방법을 사용하겠습니다.

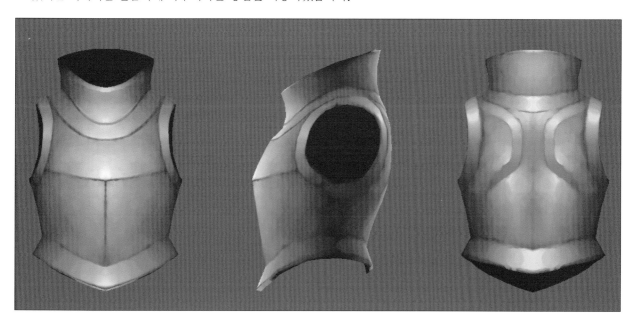

거칠게 칠해진 브러시를 부드럽게 다듬어줍니다.

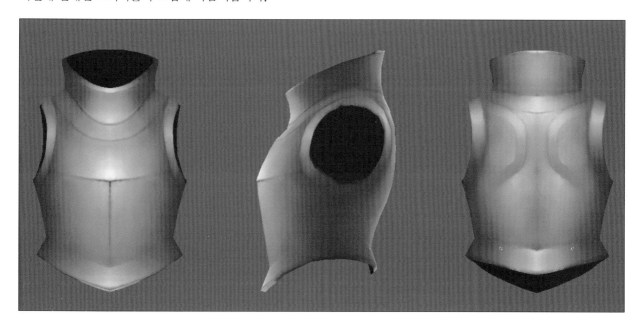

복부의 위치를 반이 갈라진 형태로 표현하려 했지만, 반맵을 이용한 표현은 갈라진 표현보다는 한꺼번에 묶인 느낌으로 작업해보겠습니다. 물론 반맵을 이용하여 표현할 수 있는 몇 가지 방법이 있지만 이번 갑옷 작업에서는 금속 표현에 중점을 두므로 한 번에 묶인 느낌으로 하겠습니다.

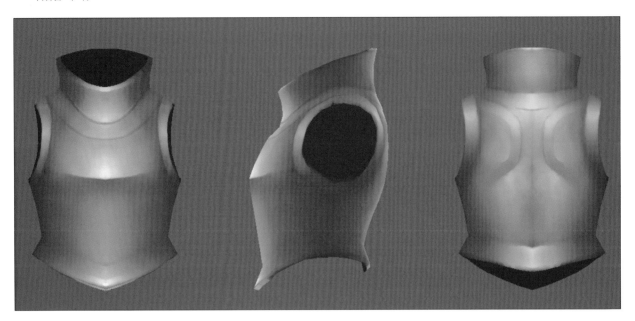

극단적인 톤의 변화를 주기 위해 어두운 부분의 포인트 컬러를 잡습니다.

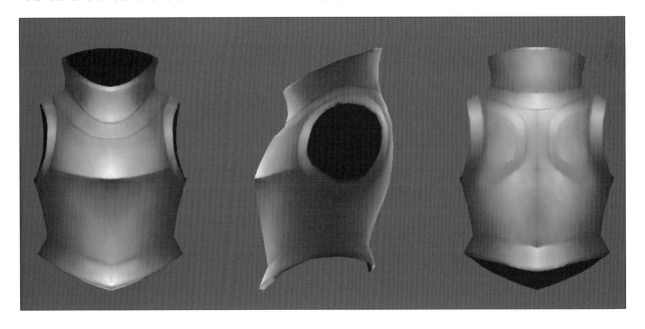

하이라이트와 반사광을 뚜렷하게 표현합니다.

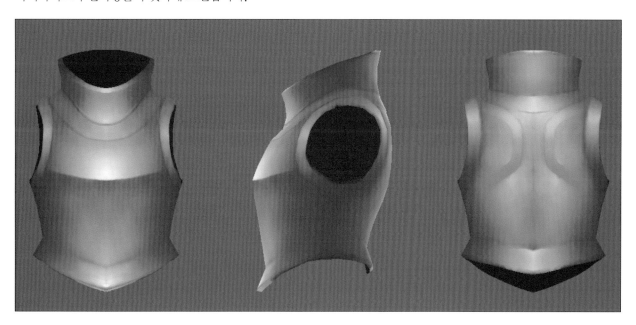

금속도 빛 맺힘에 따라 느낌이 달라집니다. 반사광과 빛이 맺히는 느낌을 잠시 다르게 적용
해보았습니다. 더 단단하고 두꺼운 금속 느낌이 나지만 여기서 손맵의 맹점이 나타납니다.

노멀 작업은 빛에 반응을 하기 때문에 빛의 표현을 군이 그려줄 필요가 없지만 손맵의 경우
어느 방향에서 보더라도 최대한 이질감이 느껴지지 않게 하는 것이 중요합니다.

다음과 같이 진행하면 정면은 충분히 원하는 느낌이 반영되지만 측면은 반사광이 표현된 것
이라기보다는 단지 문양처럼 보일 수 있습니다. 반사광의 표현을 다시 수정하겠습니다.

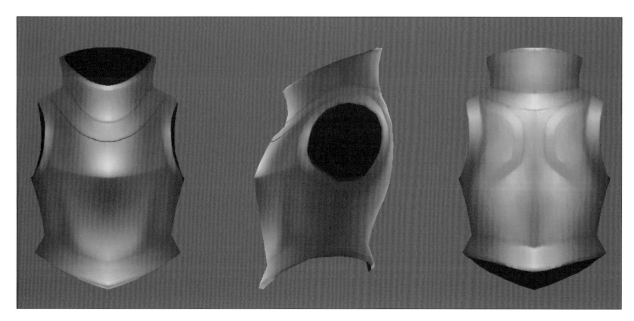

반사광의 물리적인 표현이 어렵기 때문에 원래 진행하던 방향으로 변경합니다.

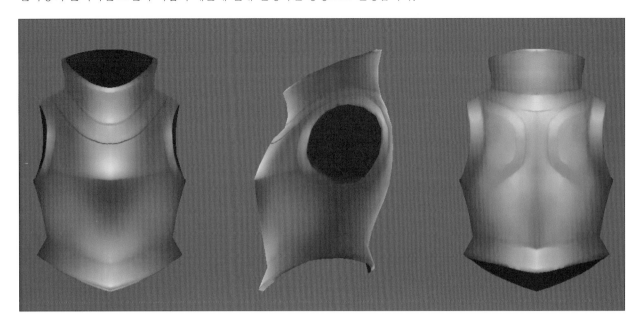

팔 부분을 묘사하면서 옆구리의 톤을 어둡지 않게 빼줍니다.

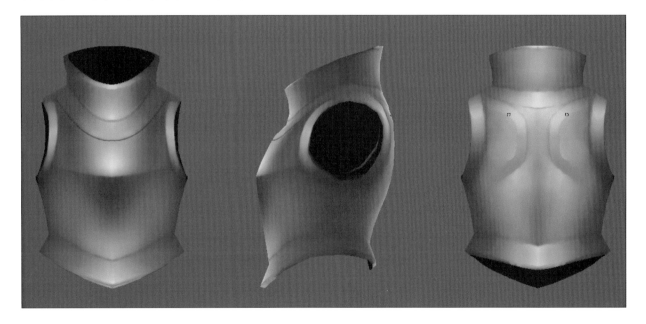

어두운 면의 표현을 조금 바꿔보겠습니다. 기본적으로는 어두운 톤을 약하게 줄여주면서 중간톤 느낌으로 표현하지만, 이번에는 옆구리의 톤을 어느 정도 유지해주면서 반사광 표현으로 바꾸어 표현해보겠습니다.

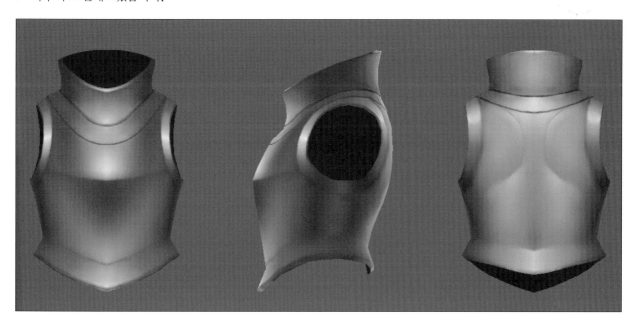

전체적인 톤 밸런스를 잡아주면서 밝은 부분과 어두운 부분이 너무 밝거나 어둡지 않게 풀어줍니다.

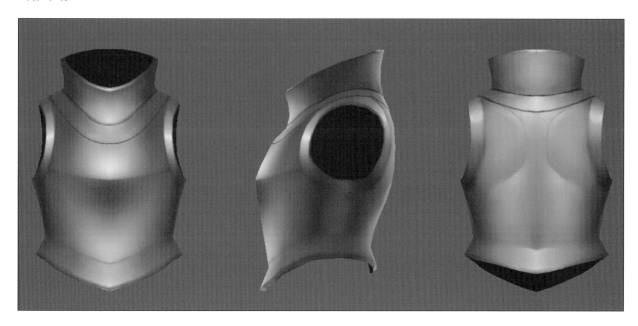

전반적으로 크게 덩어리진 금속 느낌이 잡혔으므로 디테일 묘사를 진행합니다.

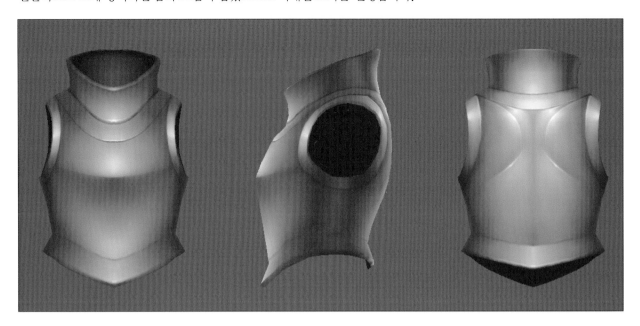

옆 부분에 파팅 라인을 잡아줍니다. 갑옷이나 메카닉 계열의 디자인은 파팅 라인 표현이 자주 이용됩니다.

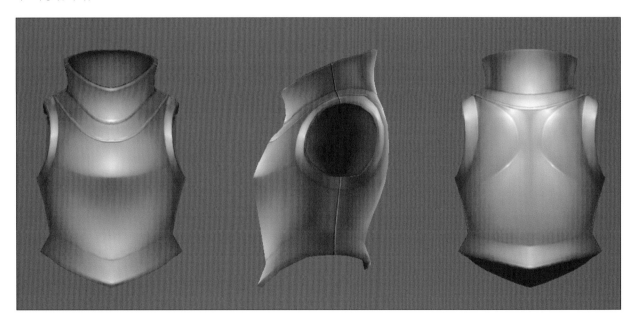

나사 표현 같은 사소한 디테일도 잡아줍니다.

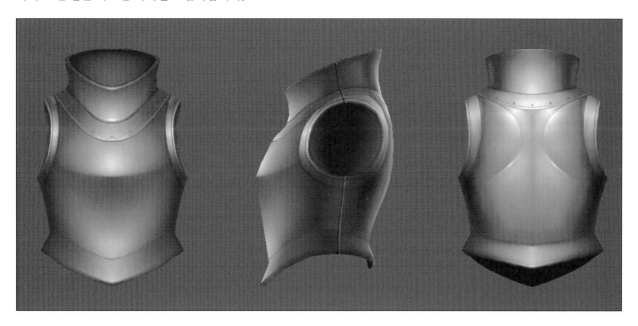

금속 계열의 재질을 표현할 때 모서리에 먼지나 녹이 슨 느낌을 표현해주면 더욱더 금속의
느낌을 부각시킬 수 있습니다. 하지만 경우에 따라 녹이나 먼지가 낀 표현을 하지 않기도 합
니다. 장르나 프로젝트의 스타일에 따라 달라지므로 필요한 경우에 맞춰 표현합니다.

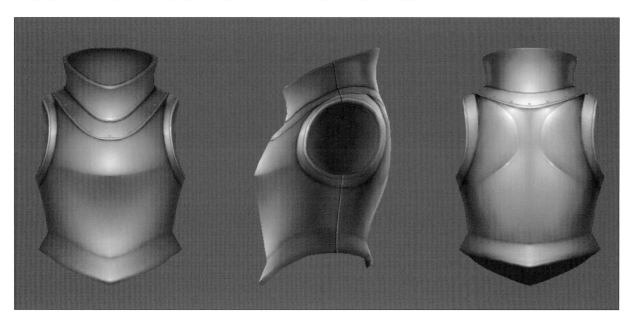

옆구리 톤의 표현이 어울리지 않는 것 같아 한 톤으로 밀어주고 어두운 톤을 조금 낮추어 디
테일을 정리하며 마무리합니다.

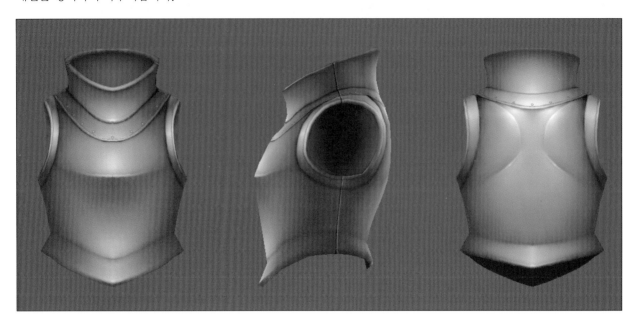

지금까지 여러 가지 빛과 반사광을 시도하여 금속 표현
작업을 진행해보았습니다. 필자가 실제 작업 시에도 효율
적인 빛과 반사광을 만들기 위해 거치는 과정이기도 합니
다. 작업을 진행하는 도중에도 아웃풋으로 쓸 만한 빛과
반사광 표현들이 있었을 것입니다. 여러 가지 빛 표현을
시도하고 테스트하면서 익혀보는 것이 좋습니다.

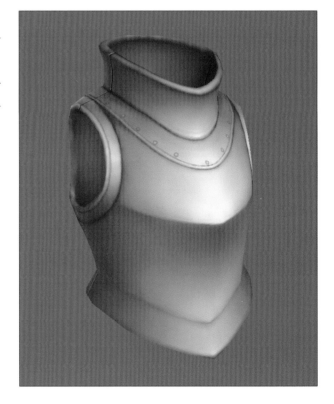

금속 작업 마무리 시 전반적으로 난색보다는 한색 느낌이 나는 색상이 보다 세련되어보이는 경우가 많습니다. 완성된 원본 작업에 레이어를 한 장 올려줍니다. 레이어 블렌딩 속성을 오버레이로 잡아주고 블루 컬러를 꽉 채웁니다.

블렌딩한 결과입니다. 블루 컬러를 채운 레이어의 오퍼시티 수치를 2~10 사이로 조정합니다.

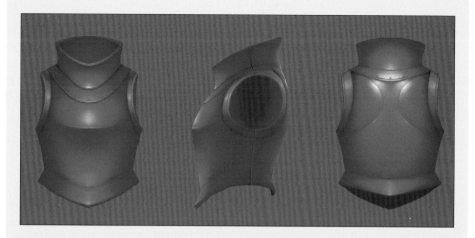

결과물을 비교한 그림입니다. 상단에 위치한 그림이 원본이고 하단의 그림이 블루 컬러를 블렌딩하고 오퍼시티 값을 조정한 결과물입니다.

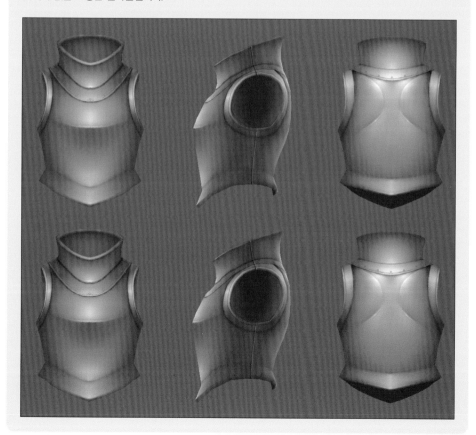

2 천(Cloth)

이번에는 천 재질의 질감을 표현하는 방법에 대해 알아보겠습니다. 바지 작업을 예제로 진행해보겠습니다.

2-1 광택(Glazing)

기본 베이스 컬러를 깔아놓은 상태입니다.

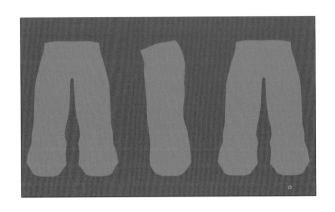

밝은 톤을 적당히 올려 기본적인 입체 표현을 합니다.

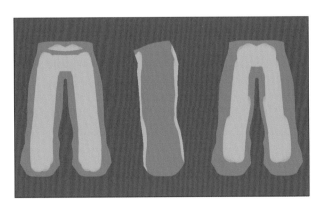

투톤을 부드럽게 풀어줍니다.

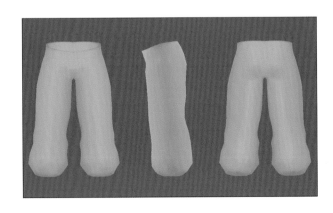

어두운 톤을 이용하여 주름의 큰 흐름을 그립니다. 주름을 그릴 때는 접히는 부분을 우선하여 그리고, 되도록 레퍼런스 이미지를 참고하며 그립니다.

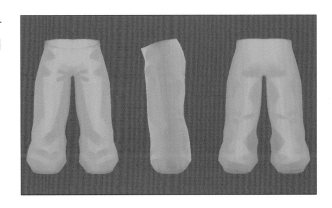

계속해서 큰 흐름을 잡아가면서 정리합니다.

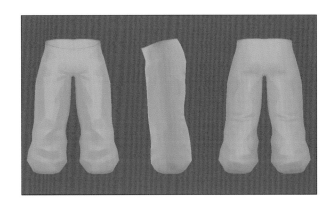

흐름을 잡으면서 큰 주름의 밝은 부분과 어두운 부분의 경계를 조금씩 명확하게 나눕니다.

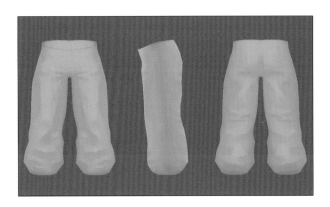

주름의 깊이 차이를 내면서 큰 느낌 위주로 면을 나누어 작업을 진행합니다.

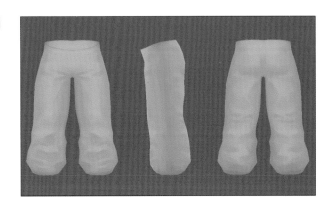

계속해서 디테일을 추가하고 전반적인 형태를 잡아줍니다. 주름 묘사의 포인트는 주름의 흐름은 물론이거니와 강약에 대한 표현도 중요합니다. 무작정 주름의 형태를 삽는다고 대비를 너무 강하게 묘사하게 되면 주름이 어색해집니다. 또한 크게 덩어리진 느낌이 깨지지 않게 묘사하고 있는지 수시로 체크합니다.

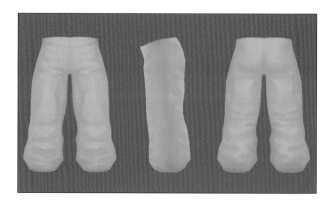

전체적으로 주름의 모양을 잡아주면서 계속 정리합니다.

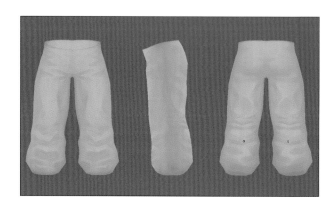

주름이 꺾이는 부분과 접혀서 겹치거나 말리는 포인트를 잡아줍니다.

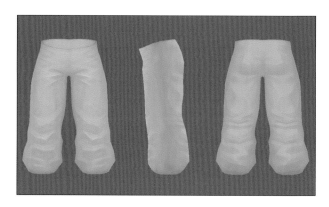

디테일을 추가하면서 포인트의 강약을 계속해서 잡아줍니다. 빛이 맺히는 느낌으로 포인트를 잡았다면 이제 맺히는 부분을 풀어주면서 정리합니다.

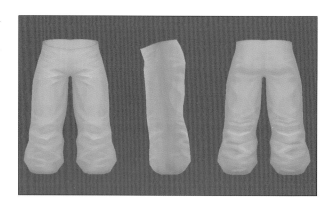

골반 부분의 디테일을 잡아주면서 바지 밑단의 주름을 그립니다.

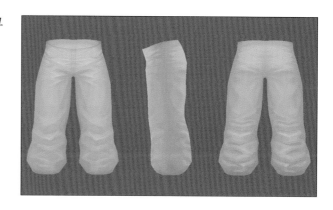

묘사에 신경을 쓰다 보면 볼륨감이 떨어지는 경우가 많습니다. 따라서 레이어를 한 장 올려 밝은 느낌을 큰 폭으로 끌어올립니다. 중간중간 소프트라이트(Softlight)로 한 번씩 밝게 잡아줍니다.

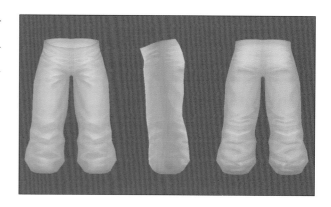

밝은 느낌을 끌어올렸다면 정리를 시작합니다. 끌어올리기만 하면 지금까지 묘사한 것이 사라지므로, 밝은 부분을 살리면서 어두운 부분은 지웁니다.

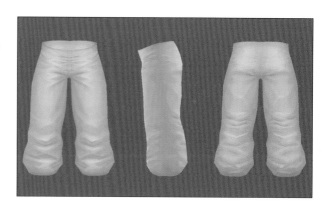

주름이 생기는 부분을 잡아주면서 주름의 강약을 조절해 나갑니다.

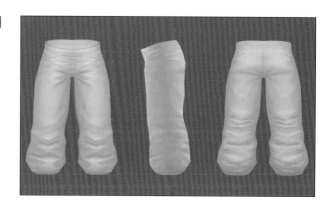

밝은 부분의 빛을 잡아주고 전체적인 형태를 정돈하여 마무리합니다.

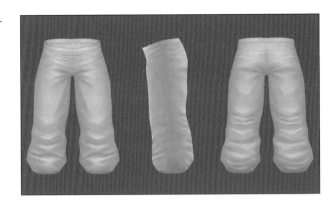

대비가 강하다고 판단되어 전체적으로 톤을 정리하고 마무리했습니다. 여기서는 그레이 컬러를 100%로 채우고 오퍼시티 값을 30%로 설정했습니다.

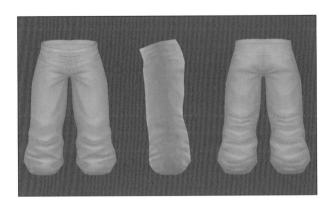

2-2 ▶ 멀티 레이어(Multiply)

주름을 편하게 묘사하기 위해 글레이징 기법으로 작업했
으므로 레이어를 Multiply로 놓고 컬러를 얹어보았습니
다. 글레이징 기법은 기본적으로 컬러를 올리고 보정을
하면서 필요한 리터치 및 묘사를 해야 합니다.

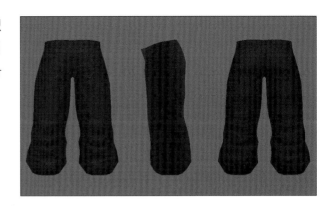

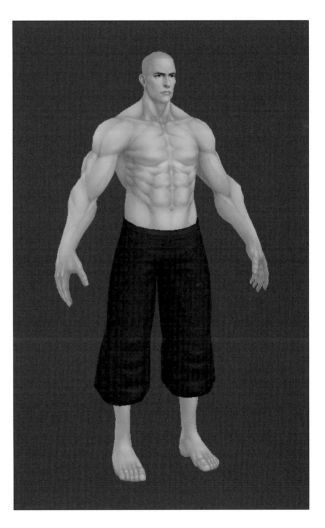

❸ 가죽(Leather)

▼ 예제 파일 : Shoes

신발(워커)을 이용하여 가죽을 표현하는 방법을 알아보겠습니다. 가죽 송류에 따라 묘사의 방향이 많이 달라집니다. 가죽 재킷과 워커에 쓰인 가죽만 보더라도 느낌이 확연히 다른 것을 알 수 있습니다. 가죽 갑옷을 표현할 때 자주 사용되는 레더 아머(반들반들하면서 딱딱한 가죽)처럼 게임에서 많이 쓰이는 가죽 질감에 대해 연구하고 그려보는 것을 권장합니다.

앞서 진행한 천 재질 작업에서는 작은 바지 주름을 위주로 표현했다면, 이번에는 신발을 이용하여 큰 느낌 위주의 주름을 표현해보겠습니다.

UV 작업을 마무리한 모델링입니다. 신발은 굽을 나누어 모델링을 해주는 것도 좋습니다.

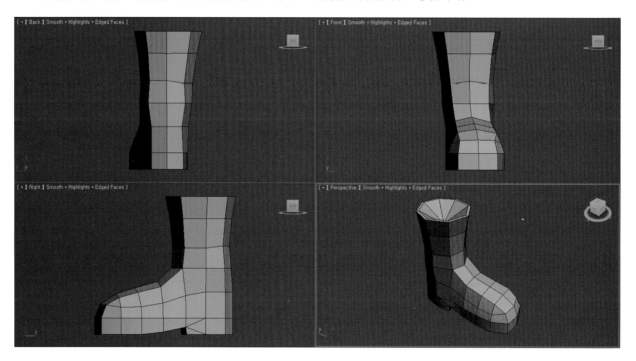

기본 색상을 깔아줍니다. 기본 색은 항상 기본으로 쓸 컬러보다 어둡게 칠하는 것이 좋습니다.

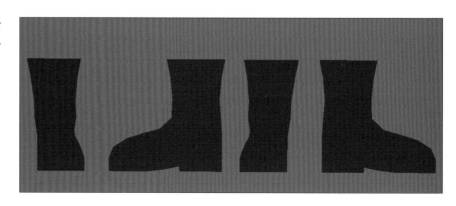

적당히 밝은 톤을 올려서 투톤
작업을 합니다.

투톤 작업 후 경계면을 부드럽게
풀어줍니다.

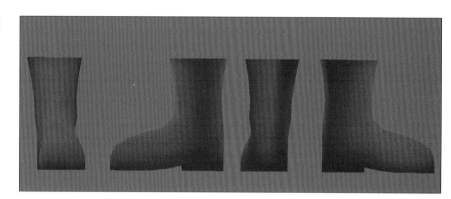

어두운 컬러를 이용하여 대략적
으로 스케치합니다. 스케치 시 사
용하는 컬러는 각자 취향에 맞게
자유롭게 선택해도 괜찮습니다.

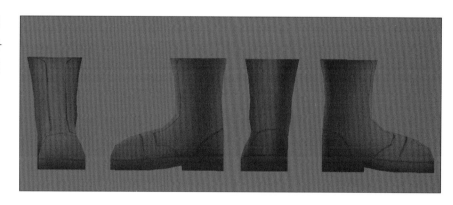

러프하게 큰 주름의 형태를 잡아
줍니다.

거칠게 잡힌 주름을 연결하여 흐
름을 만들어줍니다.

잡아준 흐름의 경계면을 부드럽
게 풀어 연결합니다.

중간톤 위주의 묘사가 되어가므
로 오버레이나 소프트라이트 레
이어를 이용하여 밝은 톤을 적당
히 잡아줍니다.

혀 가죽 부분은 안쪽에 들어가
있는 데다가 그 위로 끈을 올려
줄 것이므로 어둡게 깔아줍니다.

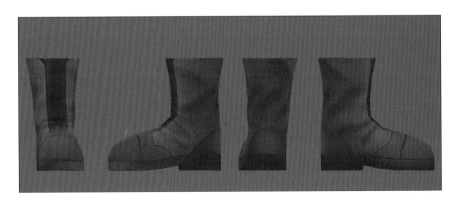

끈이 들어갈 고리 부분 디테일을
작업하기 위해 금속의 어두운 컬
러로 위치를 잡아주고 굽을 표현
합니다.

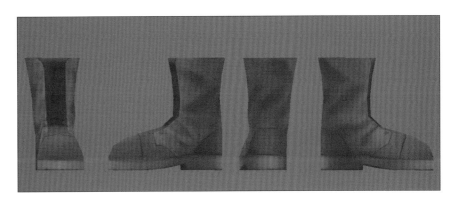

고리 위치를 잡았으므로 이제 끈
을 그립니다.

끈과 고리에 입체감을 주면서 디
테일 작업을 진행합니다.

신발끈이 당겨진 느낌으로 작업
되어야 하기 때문에 끈 아래쪽에
서 끈 사이로 부풀어 오른 느낌
을 표현합니다.

고리와 고리 사이가 당겨지는 힘에 의해 생기는 주름을 표현합니다.

가죽과 가죽 간의 높낮이 표현을 위해 두께를 잡아줍니다.

고리의 금속 질감을 살리기 위해 금속 하이라이트를 찍어줍니다.

주름이 튀어나온 부분을 좀 더 밝게 잡아주면서 주름의 입체감을 살립니다.

신발 밑창을 적당히 그립니다. 이때 브러시의 터치를 강하게 하지 않고 적절한 세기로 부드러운 질감이 날 수 있도록 표현합니다. 신발이나 발바닥은 거의 보이지 않기 때문에 너무 디테일하게 묘사하지 않아도 됩니다. 보통 어두운 톤만 깔아주고 마무리하는 경우도 많습니다.

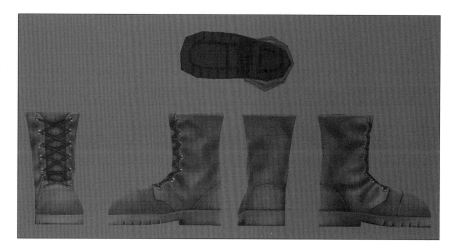

전체적으로 톤을 정리하고 가죽의 두께와 끄트머리 부분을 묘사하면서 마무리합니다.

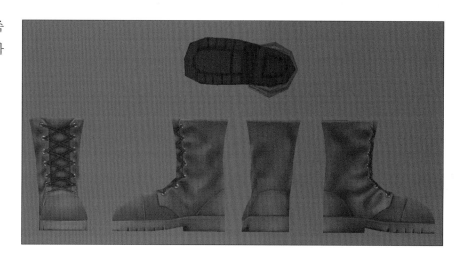

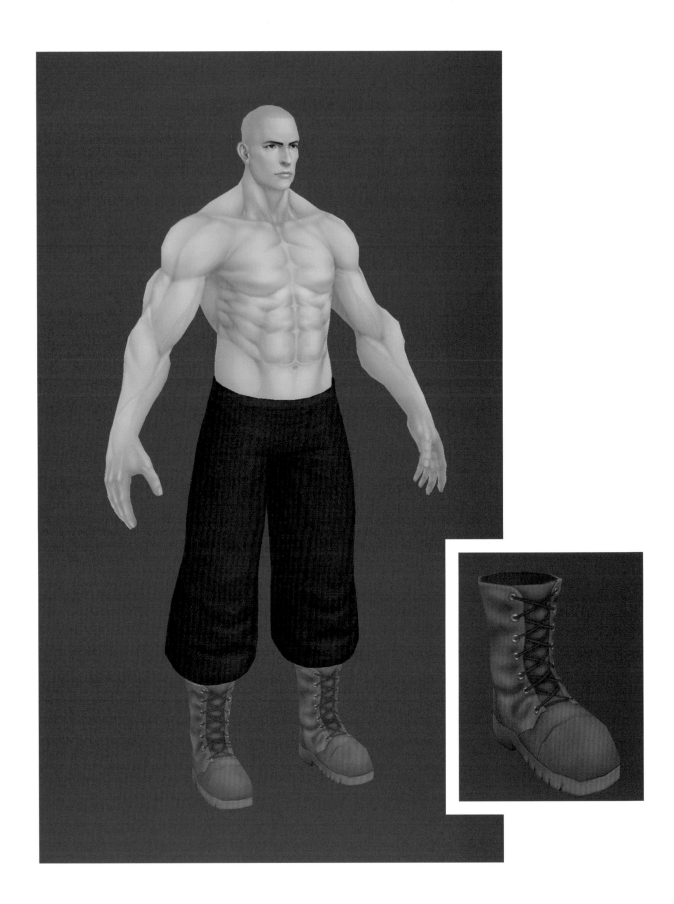

 **나무(Wood)**

▼ 예제 파일 : Shield

나무 질감도 자주 등장하는 것 중 하나이므로 나무 방패를 예제로 작업해보겠습니다. 덤으로 금속 질감에 대해 복습하겠습니다.

질감을 보여주기 위한 심플한 예제 모델링을 만들었습니다.

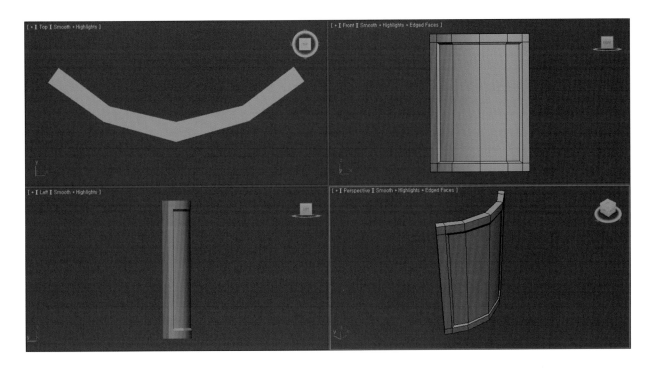

기본 베이스 컬러를 깔아놓은 상태입니다.

UV 작업은 금속 재질인 테두리 부분은 대칭으로, 나무 질감 부분은 대칭 UV가 아닌 통으로 작업했습니다.

질감을 입힐 영역에 베이스 컬러를 칠합니다.

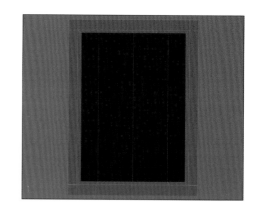

금속에서는 밝은 톤을 올려 투톤 작업을 했지만, 나무 질감의 경우 먼저
질감을 작업하고 레이어 블렌딩을 이용하여 입체감을 표현하겠습니다.

브러시의 겹침 기법을 이용하여 나뭇결을 그립니다. 그라데이션을 주지
않고 선을 무작위로 여러 번 그어주면서 나무 질감의 베이스를 만듭니다.

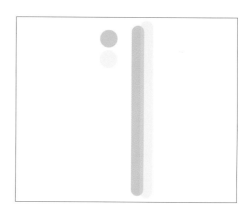

여러 번 겹쳐 그린 결과 다음과 같은 느낌이 나왔습니다.

금속의 밝은 톤을 풀어주면서 나무의 파츠를 나누기 위해 파팅 라인을
그립니다.

나눈 파팅 라인에 두께를 표현하기 위해 엣지의 밝은 부분을 그립니다.

나뭇결을 잘게 나눠주면 거칠고 낡은 나무 느낌이 나옵니다. 금속 부분
에 약간의 흠집 처리를 합니다.

나무 질감과 금속이 맞닿는 부분에 그림자 처리를 합니다.

전체적으로 톤이 밝아진 것 같아 멀티 레이어를 이용하여 톤을 낮췄습니다.

엣지 부분에 하이라이트 처리를 합니다.

나무의 입체감이 약해서 소프트라이트를 이용하여 밝은 톤을 블렌딩하여 올려주었습니다. 여기까지 기본 베이스가 완성되었습니다.

녹슨 느낌과 나무에 때가 묻은 느낌을 입혀 살짝 지저분한 모습으로 마무리합니다.

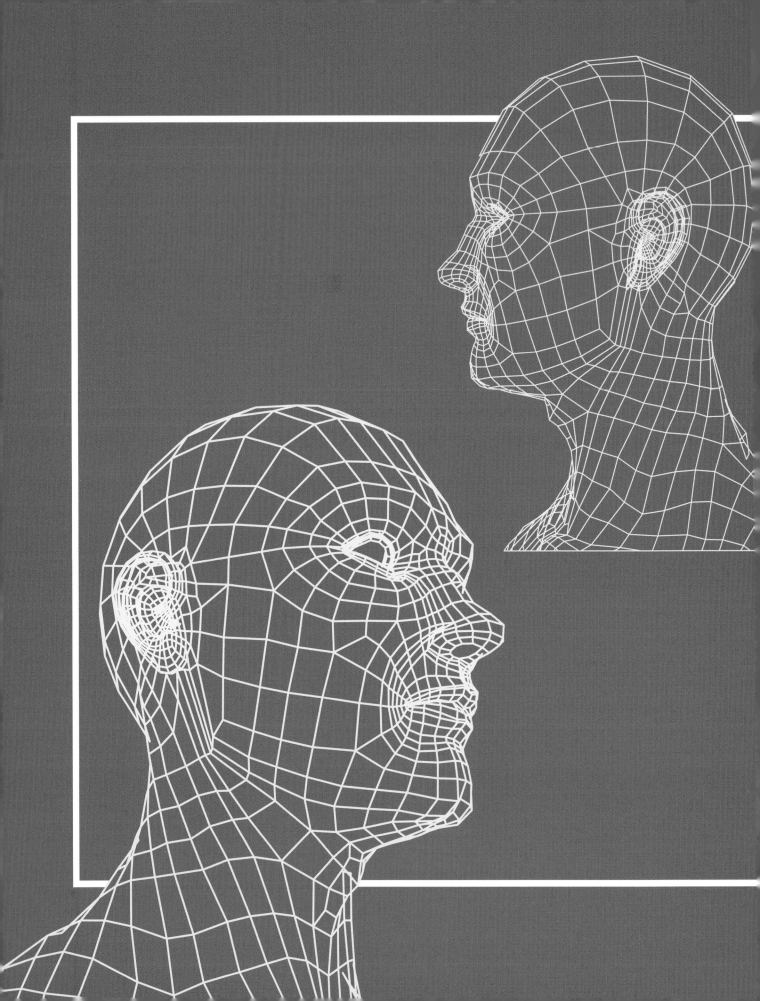

스킨

이번 파트에서는 바이패드 세팅부터 엔빌롭을 통한 웨이트까지 단계적인 작업을 학습하면서 스킨에 대해 알아보겠습니다. 모델링 작업을 마친 다음 포즈를 잡기 위해서는 뼈대를 심고, 움직이는 작업이 필요합니다. 전문 애니메이터만큼 세밀한 사항까지 알아야 할 필요는 없지만 포트폴리오 작업을 위해 기본적인 작업 내용을 익혀두는 것이 좋습니다.

🄳 바이패드(Biped)

캐릭터를 불러옵니다.

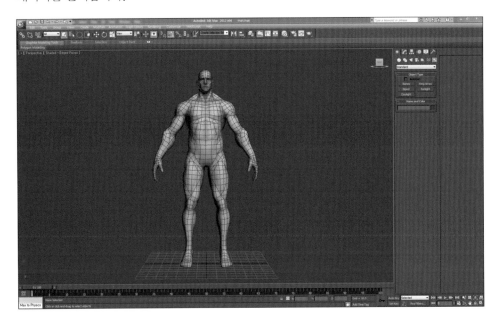

캐릭터를 선택하고 마우스 오른쪽 버튼을 누르면 쿼드 메뉴가 나옵니다. 여기서 [Object Properties]를 선택합니다.

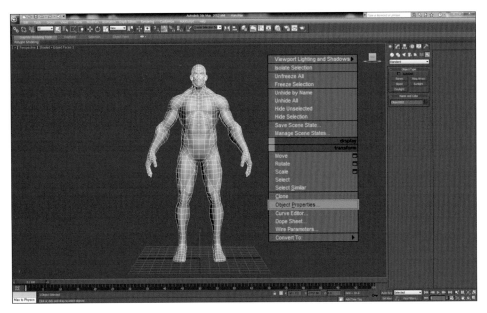

Object Properties 창이 뜨면 Backface Cull을 체크합니다. Backface Cull은 와이어프레임 모드에서 오브젝트에 보이지 않는 면의 선을 필터 처리합니다.

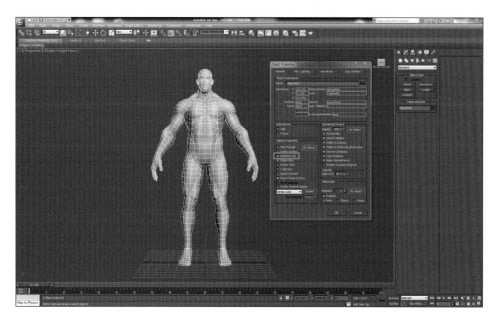

이 밖에도 오브젝트를 선택한 후 [Alt]+[X]를 눌러서 반투명하게 처리하는 방법이 있습니다. 이 작업은 바이패드 세팅 시 좀 더 편하게 보기 위함입니다.

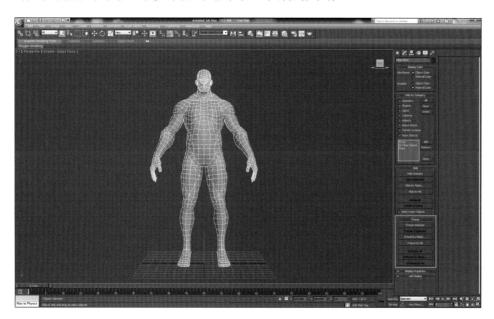

디스플레이 커맨트 패널(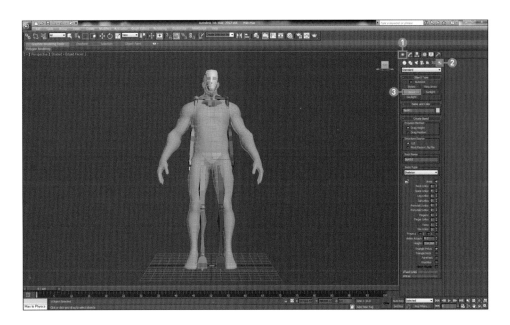)에서 Freeze Selected를 클릭하여 캐릭터가 선택되지 않도록 동결시킵니다. 이 또한 바이패드 세팅을 보다 편하게 하기 위함입니다.

❶ Create 메뉴(　)로 이동합니다.

❷ System 메뉴(　)로 이동합니다.

❸ [Biped] 버튼을 클릭한 후 뷰에 마우스를 드래그하여 생성합니다.

바이패드를 생성한 후 Motion 패널(　)에서 편집할 수 있습니다. 우선 바이패드를 진행하기 전에 2가지 모드가 있는 것을 확인해야 합니다.

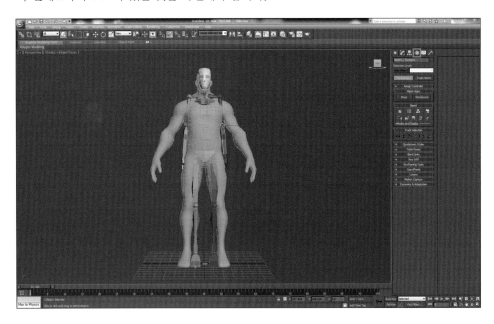

여기에서는 캐릭터의 포즈 위주로 진행하므로 피겨 모드를 중심으로 설명하겠습니다.

1 애니메이션 모드 : 바이패드 수정이 불가능하면서 애니메이션(동작)을 진행할 수 있는 액팅 모드가 있습니다.

2 피겨 모드 : 애니메이션이 진행이 불가능하면서 뼈(관절)의 개수, 위치, 모양, 이름을 변경할 수 있는 피겨 모드가 있습니다. 현재 모드는 바이패드를 수정할 수 없는 애니메이션 모드입니다. 또한 메뉴를 보기 위해서는 반드시 바이패드가 선택되어 있어야 합니다.

바이패드 세팅을 본격적으로 진행하기 전에 피겨 모드를 확인해야 할 필요가 있습니다. 바이패드를 수정하기 위해서는 반드시 Figure mode( )를 활성화해야 합니다.

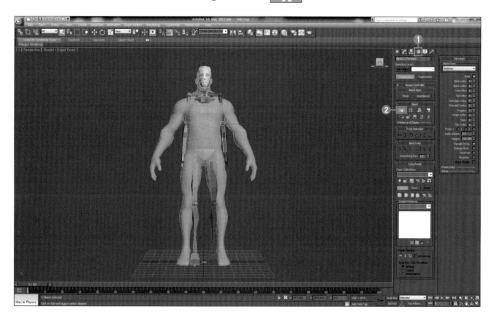

바이패드를 생성했으니 이제 메뉴 구성을 파악해야 합니다. 바이패드는 모든 메뉴의 내용이
방대하므로 간략한 부분을 중심으로 살펴보겠습니다.

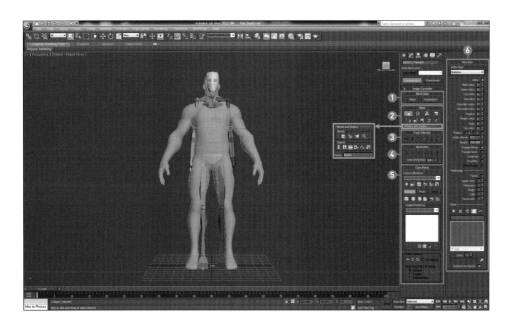

1 Biped Apps

- **Mixer** Mixer : 애니메이션의 동작 및 파츠의 모션을 서로 믹싱합니다.
- **Workbench** Workbench : 애니메이션 작업 시 쿼터니언 방식에서 오일러 방식으로 애니
  메이션을 진행합니다. 오일러 방식의 그래프를 보여주는 창입니다.

2 Biped

- Figure Mode : 피겨 모드 ON/OFF 모드입니다.
- Footstep Mode : 풋스텝을 이용한 애니메이션 모드입니다.
- Motion Flow Mode : 모션플로우 애니메이션 모드입니다.
- Mixer Mode : 모션을 믹싱하기 위한 모드입니다.
- Biped Playback : 간략한 화면으로 모션을 보기 위한 플레이백 모드입니다.
- Load File : 피겨 모드 ON/OFF 상태에서의 바이패드 불러오기 모드입니다.
- Save File : 피겨 모드 ON 상태에서의 바이패드 저장 모드입니다. OFF 상태에서
  의 애니메이션 저장 모드입니다. 피겨 모드는 biped.fig, 애니메이션 모드는 biped.bip
  로 저장되고 불러옵니다.
- Convert : 풋스텝 애니메이션을 프리폼 애니메이션으로 컨버팅할 때 사용하는 모
  드입니다.
- Move All Mode : 애니메이션과 뼈의 위치 및 회전 방향을 동시에 변경할 때 사용
  하는 보느입니다.

Modes and Display Mode

- Buffer Mode : 바이패드의 풋스텝 애니메이션을 다른 바이패드에 임시로 붙여넣기 위한 버퍼 모드입니다. 단, 다시 버튼을 눌러주면 원래 위치로 고정됩니다.

- Rubber Band Mode : 손과 발을 고정한 상태에서 팔꿈치와 무릎 관절 위치를 변경할 때 사용하는 모드입니다.

- Scale Stride Mode : 캐릭터 걸음걸이의 폭을 맞추는 모드입니다. 기본적으로 항상 활성화되어 있습니다.

- In Place Mode : 버튼이 클릭된 상태에서 재생하면 제자리에서 애니메이션되는 모드입니다.

Display

- Object : 바이패드의 모양을 면, 선, 면과 선 방식으로 보여주는 모드입니다.

- Show Footstep And Number : 풋스텝의 모양을 발자국과 번호, 발자국, 발자국 숨김 방식으로 보여주는 모드입니다.

- Twist Links : 트위스트 본을 보이거나 숨기는 ON/OFF 모드입니다.

- Leg States : 풋스텝 애니메이션일 때 발자국의 동작을 표시하는 모드입니다.

- Trajectories : 선택한 본의 애니메이션 궤적을 보여주는 모드입니다.

- Preferences : 풋스텝의 컬러와 애니메이션 궤적 등 디스플레이를 변경하는 모드입니다.

- Name: Bip001 Biped Name : 바이패드의 이름을 변경하기 위한 모드입니다.

③ Track Selection

- Body Horizontal : 바이패드 COM의 앞뒤 좌우 키프레임을 입력하는 모드입니다.

- Body Vertical : 바이패드 COM의 위, 아래 키프레임을 입력하는 모드입니다.

- Body Rotation : 바이패드 COM의 회전하는 키프레임을 입력하는 모드입니다.

- Lock COM Keying : 바이패드 COM의 상하좌우 회전 아이콘을 동시에 활성화할 때 사용하는 모드입니다.

- Symmetrical : 바이패드의 같은 파츠를 선택할 때 사용하는 모드입니다.

- Opposite : 바이패드의 파츠를 반전 선택할 때 사용하는 모드입니다.

④ Bend Links

- Bend Links Mode : 바이패드를 앞뒤 좌우로 부드럽게 구부릴 때 사용하는 모드입니다.

- Twist Links Mode : 바이패드를 트위스트처럼 부드럽게 회전할 때 사용하는 모드입니다.

- **〉** **Twist Individual Mode** : 바이패드를 원하는 부분만 회전할 때 사용하는 모드입니다.

- **** **Smooth Twist Mode** : 바이패드의 끝부분은 고정하고 트위스트되는 모드입니다.

- **▮** **Zero Twist** : 트위스트된 바이패드를 리셋하는 모드입니다.

- **▮** **Zero All** : 트위스트와 밴드가 된 바이패드를 전부 리셋하는 모드입니다.

- **Smoothing Bias: 0.5 ⬍** **Smoothing Bias** : 밴드와 트위스트할 때의 가중치 값입니다.

⑤ Copy/Paste

- **Copy Collections** [⬇] **Copy Collections** : 바이패드의 컬렉션 이름을 표시합니다.

- **❋** **Create Collection** : 바이패드를 복사하기 위한 초기 컬렉션 모드입니다. 복사하기 위해 반드시 눌러야 하는 부분입니다.

- **📂** **Load Collection** : 컬렉션을 불러올 때 사용하는 모드입니다.

- **💾** **Save Collection** : 컬렉션을 저장할 때 사용하는 모드입니다.

- **✕** **Delete Collection** : 선택한 컬렉션을 삭제할 때 사용하는 모드입니다.

- **✕** **Delete All Collection** : 모든 컬렉션을 삭제할 때 사용하는 모드입니다.

- **📑** **Max Load Preferences** : 컬렉션의 옵션을 설정하는 모드입니다.

- **Posture** **Posture** : 선택한 바이패드를 복사할 때 사용하는 모드입니다.

- **Pose** **Pose** : 바이패드 전체를 복사할 때 사용하는 모드입니다.

- **Track** **Track** : 바이패드의 애니메이션 키 프레임을 복사할 때 사용하는 모드입니다.

- **📋** **Copy Posture** : 바이패드를 복사하는 기능입니다.

- **📋** **Paste Posture** : 바이패드를 제자리 붙여넣기할 때 사용하는 기능입니다.

- **📋** **Paste Posture Opposite** : 바이패드를 반대로 붙여넣기할 때 사용하는 기능입니다.

- **📋** **Paste Posture to Selectied Xtras** : 엑스트라 본을 붙여넣기할 때 사용하는 기능입니다.

- **📋** **Delete Selected Posture** : 선택한 바이패드의 포스처, 포즈, 트랙의 기록을 삭제합니다.

- **📋** **Delete All Posture Copies** : 모든 바이패드의 포스처, 포즈, 트랙의 기록을 삭제합니다.

- **Copied Poses** : 포스처, 포즈, 트랙을 복사하게 되면 본 이지가 빨간색으로 기록됩니다.

• Paste Options : 애니메이션 제작 시 포스처, 포즈를 복사 및 붙여넣기할 때 옵션을 바꿀 수 있는 모드입니다.

⑥ Structure

• 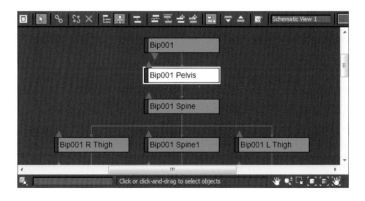Body Type : 바이패드의 모양을 변경할 때 사용하는 모드입니다.

• Links : 바이패드의 관절 및 프랍의 개수를 조절할 때 사용하는 메뉴입니다.

- Arms : 팔의 사용 유무를 확인합니다.

- Neck Links : 목 관절 개수를 지정합니다.

- Spine Links : 척추 관절 개수를 지정합니다.

- Leg Links : 다리 관절 개수를 지정합니다.

- Tail Links : 꼬리 관절 개수를 지정합니다.

- Ponytail1, 2 Links : 뿔, 헤어, 수염, 귀 등 관절 개수를 지정합니다.

- Fingers : 손가락 개수를 지정합니다.

- Finger Links : 손가락 관절 개수를 지정합니다.

- Toes : 발가락 개수를 지정합니다.

- Toe Links : 발가락 관절 개수를 지정합니다.

- Props : 방패, 무기, 기타 사물 등을 연결할 때 사용하는 옵션입니다.

- Ankle Attach : 발목의 관절 위치를 조정할 때 사용하는 옵션입니다.

- Height : 뼈의 크기 및 키를 지정하는 옵션입니다.

• Triangle Pelvis 체크 : 기본 옵션으로 체크되어 있으며 대퇴골(Thigh) 본이 척추(Spine) 본에 걸려 있습니다.

- 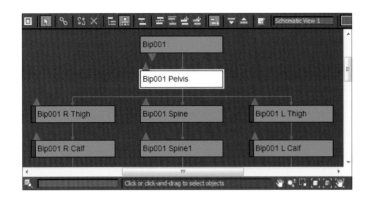 **Triangle Pelvis 미체크** : 옵션 미체크 시 대퇴골(Thigh) 본이 골반 (Pelvis) 본에 걸려 있습니다.

- **Triangle Neck 미체크** : 기본 옵션으로 미체크되어 있으며, 어깨 (Clavicle) 본이 목(Neck) 본에 걸려 있습니다.

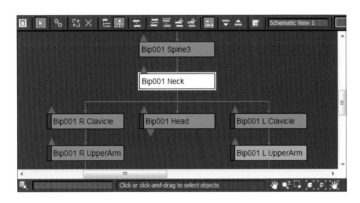

- **Triangle Neck 체크** : 옵션 체크 시 어깨(Clavicle) 본이 척추(Spine3) 본에 걸려 있습니다.

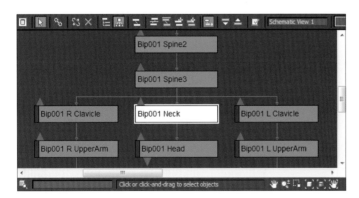

• ForeFeet : 손을 동물 발바닥처럼 표현해주는 옵션입니다.

• Knuckles : 손을 물갈퀴 모양으로 변형해주는 옵션입니다.

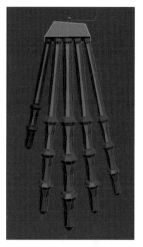

• Short Thumb : Knuckles를 활성화해야 사용할 수 있는 옵션이며, 엄지 손가락 마디를 한 개 더 만들어주는 옵션 입니다.

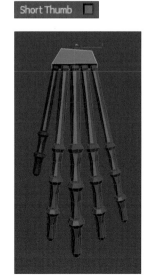
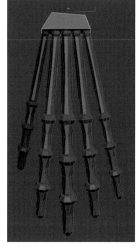

• **Twist Links** : 팔과 다리에 트위스트 본을 생성하는 메
  뉴입니다.

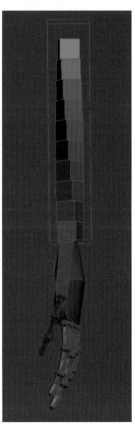

• **Xtras** : 바이패드의 기본 본을 제외한 부가적인 본을 생
  성할 때 사용하는 메뉴입니다.

– 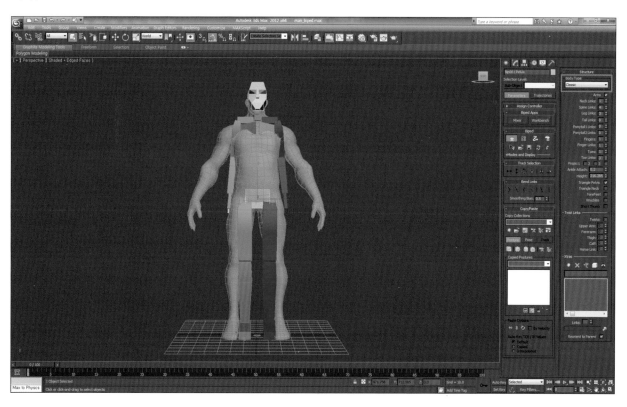 Create Xtras : 새로운 엑스트라 본을 생성하기 위해 사용하는 버튼입니다. 파츠에 추가할 때마다 클릭해야 합니다.

– Delete Xtra : 생성한 엑스트라 본을 삭제하는 버튼입니다.

– Create Opposite Xtra : 엑스트라 본의 좌우를 생성하는 메뉴입니다.

– Synch Selection : 엑스트라 본을 추가할 때마다 추가된 본이 자동으로 선택되는 기능입니다.

– Select Symmetrical : 좌우 엑스트라 본을 선택할 때 사용하는 메뉴입니다.

– Links: Xtra Link : 엑스트라 본의 관절 개수를 지정할 때 사용합니다.

– Bip001 L Thigh Assign Xtra : 선택한 엑스트라 본을 어느 부위에 연결할지 결정하는 메뉴입니다.

• Reorient to Parent ☑ Reorient to Parent : 엑스트라 본의 위치를 미리 세팅하고 본을 링크하지 않았을 경우 체크를 해제하고 연결하면 엑스트라 본의 위치를 유지할 수 있습니다.

메뉴의 세부 기능을 익혔으니 이제 다시 바이패드 세팅 작업을 진행하겠습니다. 여기서는 바디 타입(Body Type)을 클래식(Classic) 모드로 변경했습니다. 다른 타입을 선호한다면 해당하는 모드를 선택합니다. 단, 바이패드 모양마다 관절축(Pivot)이 다른 것을 유의해야 합니다.

무게 중심(COM)은 쉐이딩 모드에서 보이지 않으므로 F3를 눌러 와이어 프레임 모드로 변경합니다. 그렇게 하면 골반 안에 COM이라고 불리는 무게 중심축이 보입니다. 우선 프론트뷰에서 캐릭터의 중심선이 X축이 0이 되는 것이 좋습니다. 그리고 COM 또한 캐릭터와 같이 X축이 0이 되도록 맞춥니다. 레프트뷰에서는 측면 엉덩이 부분에서 원을 그렸을 경우 대퇴골의 관절이 위치하는 부분을 생각하여 COM의 위치를 조절합니다.

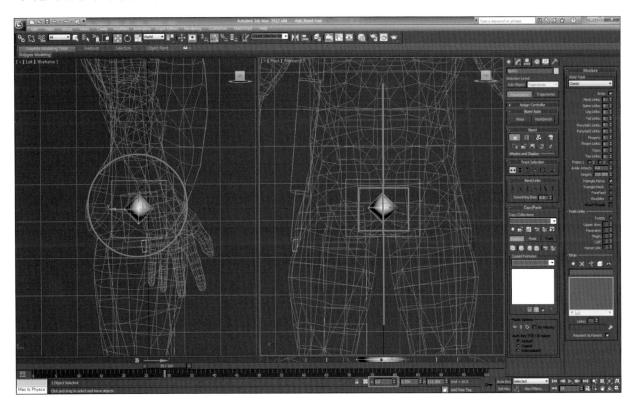

골반(Pelvis) 본을 작업할 때부터는 ❶ Move, Rotate, Scale 모드의 Reference Coordinate System을 전부 View 모드에서 Local 모드로 변경합니다. 바이패드는 고유의 방향을 가지고 있는 로컬 좌표를 이용해야 편하게 작업할 수 있습니다. 다음으로 ❷ 골반 본을 Scale 모드로 Z축을 이용하여 대퇴골 관절의 위치를 적정히 잡아줍니다. 대퇴골을 선택했을 시 Pivot의 위치가 관절의 위치입니다.

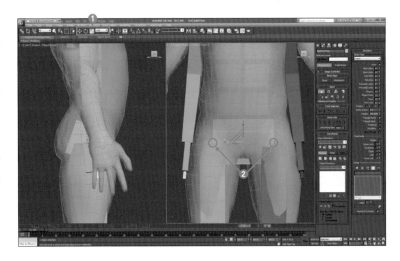

대퇴골(Thigh) 본은 Scale 모드와 Rotate를 이용하여 무릎 관절 위치를 적절히 조절합니다. 대퇴골과 무릎 관절의 위치를 파악하는 것이 중요합니다.

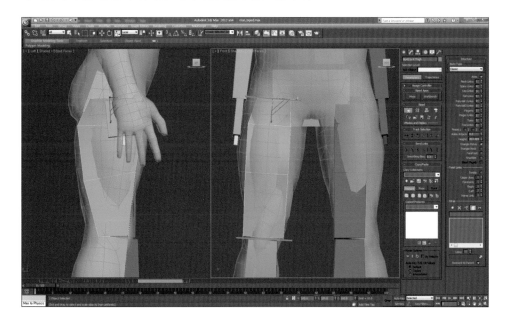

경골(Calf) 본은 발목 위치, 즉 복사뼈에 적절하게 맞춰줍니다. 여기서는 측면에서 봤을 때 무릎 관절 각도가 너무 일직선이 되지 않도록 주의해야 합니다. 추후 액팅 작업을 진행할 때 자연스럽게 할 수 있습니다.

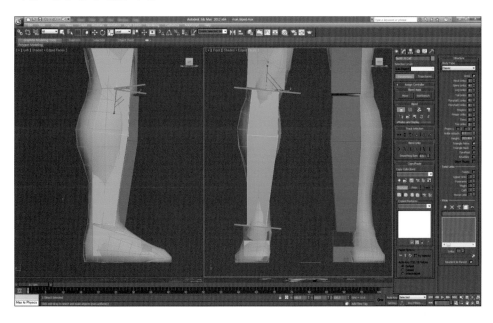

발(Foot)도 크기와 각도를 맞춰줍니다. 여기서 Ankle Attach의 수치를 적정히 조절하여 발의 뒤꿈치 부분을 맞춰줍니다. 또한 발 앞꿈치는 신발을 신었을 때를 생각하여 발가락 관절의 위치를 잡습니다. 하이힐을 신은 여자의 경우에도 같은 방식으로 진행합니다.

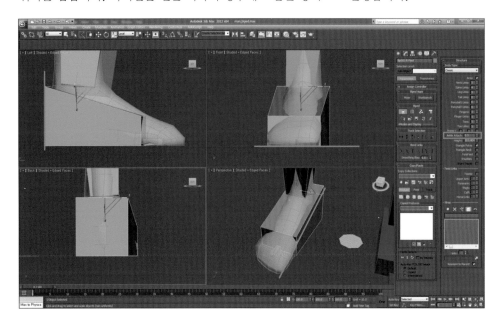

발가락 마디(Toe Links) 개수를 1개로 조절합니다. 그다음 Scale 모드로 모양을 다듬습니다. 보통 발가락은 모델링하지 않고 매핑하기 때문에 발가락을 이용하여 발 앞꿈치를 표현합니다. 그리고 발 앞꿈치 끝이 너무 크거나 짧지 않게 적당히 조절합니다.

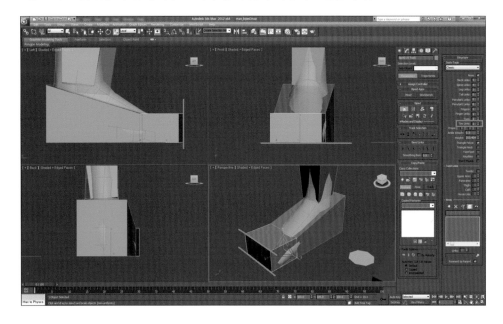

척추 마디(Spine Links)는 3마디로 설정합니다. 보통 스마트폰 게임의 경우 주로 1~2마디, 많으면 3마디를 사용합니다. 물론 개발 환경에 따라 마디의 개수는 언제든 변경되는 경우가 있습니다. 측면에서 볼 때 척추의 모양은 S라인이 되어야 하지만 여기에서는 척추를 3마디로 설정하여 개수가 부족하기에 다음의 그림과 같이 포즈를 잡았습니다. 또한 모델링 흉곽 크기에 맞춰 모양을 변형해주면 액팅을 잡을 때 더 보기 편합니다.

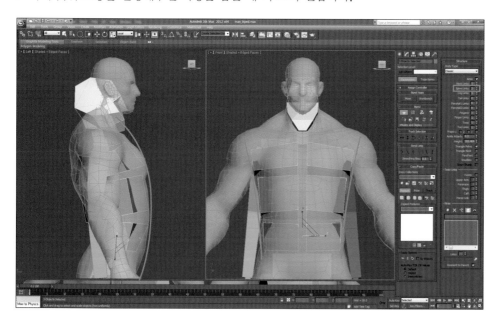

어깨(Clavicle)는 쇄골의 위치를 작은 원에 맞추고 팔 뼈의 관절 위치를 큰 원에 맞게 배치합니다. 작은 원 부분이 인체의 중심선을 침범하지 않도록 주의합니다.

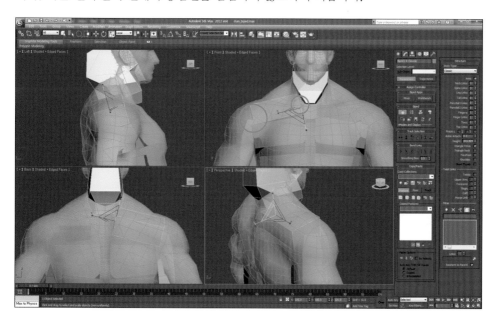

상완골(UpperArm)의 길이를 조절하여 팔꿈치의 위치를 맞춥니다.

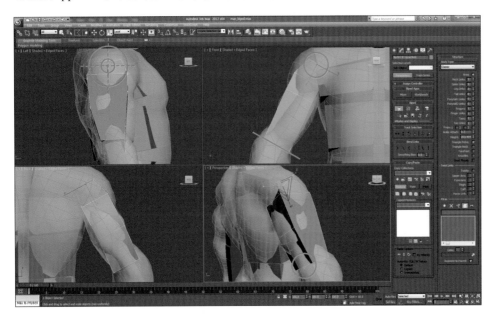

요골(Forearm)의 길이와 각도를 적절히 조절하여 손목의 위치를 맞춥니다. 손목은 팔꿈치보다 자유도가 높기 때문에 안정적인 포즈를 취하려면 관절의 위치를 잘 잡아야 합니다.

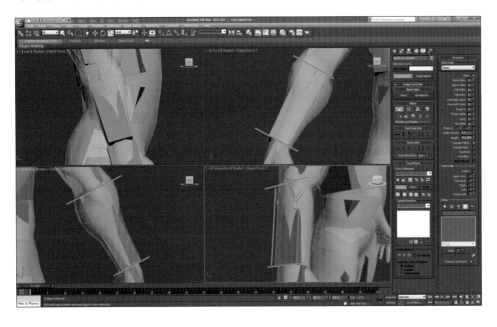

손(Hand) 작업은 손가락 개수를 5개로, 마디 개수를 3개로 늘립니다. 보통 손은 잘 보지 않는 부분이므로 손가락이 5개일 때 2마디를 사용하지만 이번 캐릭터는 세팅에 중점을 두므로 3마디로 작업합니다. 또한 그림에서 원으로 표시된 것처럼 실제 모델링의 손가락보다 뼈의 손가락이 깊이 들어가도록 해야 합니다. 주먹을 쥐었을 때 손가락 사이가 벌어지지 않고 자연스럽게 표현하기 위함입니다.

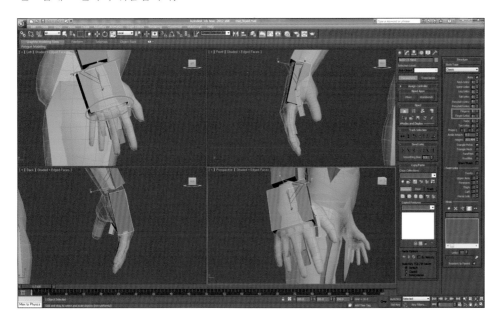

그림과 같이 손가락의 길이와 두께를 조절한 후 손가락 관절에 맞춰 작업을 진행합니다. 특히 손가락은 다른 부위에 비해 맞춰야 할 관절이 많기 때문에 어느 정도 시간을 투자하여 정확히 진행하는 것이 좋습니다. 또한 손가락을 회전할 때에는 ❶의 마디만 선택해 회전하면 나머지 마디는 큰 문제 없이 조절할 수 있습니다.

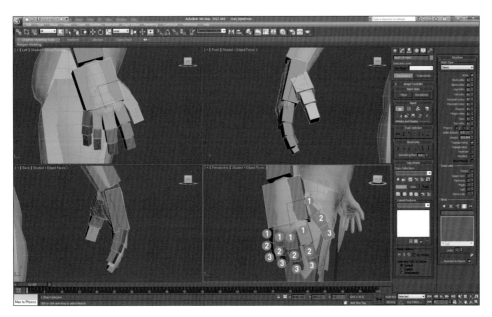

목(Neck)과 머리(Head)를 조절합니다. 먼저 목을 먼저 세팅하고 목 뼈는 뼈를 1개 사용합니다. 다음으로 머리의 크기와 각도를 조절합니다. 머리는 목을 기준으로 위아래, 좌우가 회전되므로 특별한 경우가 아닌 이상 이동을 자제하는 편이 좋습니다. 이제 기본적인 구조 세팅은 마무리되었으므로 어색한 부분이 있는지 관절 위치를 중점적으로 다시 한 번 확인하면 더욱 좋습니다.

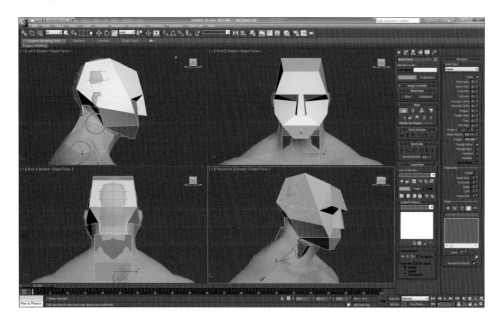

지금까지 바이패드의 오른쪽 작업을 진행했습니다. 이번 순서에서는 바이패드 복사 기능을
이용하여 좌우 대칭으로 만들어보겠습니다. 진행 방법은 다음과 같습니다.

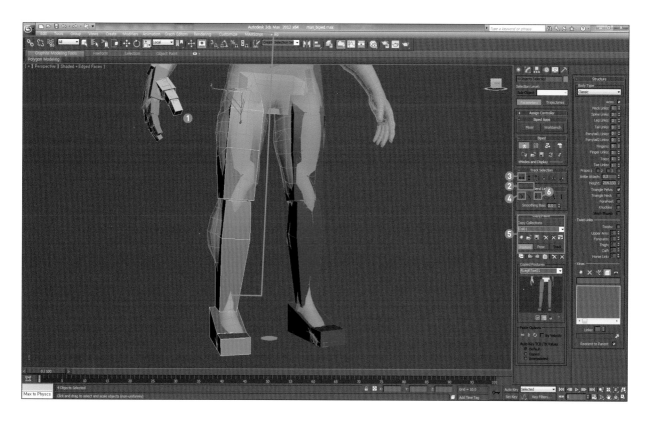

① 오른쪽 다리 본을 더블클릭하여 다리 전체를 선택합니다.

② Posture 아이콘을 클릭합니다. 포스처는 원하는 본을 선택하여 복사할 수 있는 기능입니다.

③ Create Collection(✱)을 클릭하여 새로운 컬렉션을 생성합니다.

④ Copy Pasture(▣)를 클릭하여 선택한 바이패드를 복사합니다.

⑤ 복사된 부분의 본이 빨간색으로 표시됩니다.

⑥ Paste Posture Opposite(▣)를 클릭하여 반대쪽 다리에 붙여넣기합니다.

좌우 대칭의 바이패드가 완성되었습니다.

다리와 마찬가지로 반대편 팔을 복사, 붙여넣기합니다. 기본적인 바이패드 세팅이 마무리되었습니다.

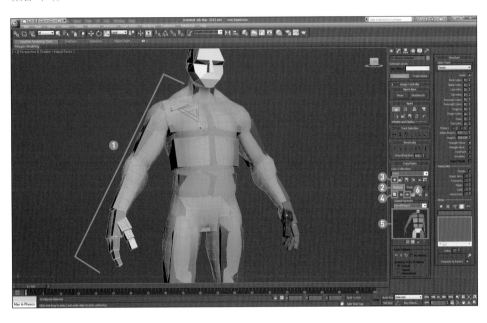

팔(Arm)은 움직임이 많기 때문에 추가적인 트위스트(Twist) 본이 필요합니다. 그렇게 해야 팔 특유의 피부가 비틀리는 느낌을 표현할 수 있기 때문입니다. 일반적으로 트위스트 본은 적게는 1개, 많게는 2~3개 정도 넣어줍니다. 여기에서는 Upper Arm과 Forearm을 각각 1개씩 넣었습니다. 트위스트 본은 처음 생성하면 기본적으로 Freeze 상태가 되어 있는데, 추후에 UnFreeze All 상태로 변경합니다. 작업을 마무리하면 더 이상 바이패드 수정 작업은 없으므로 반드시 피겨 모드를 비활성화하여 애니메이션 모드로 바꿉니다(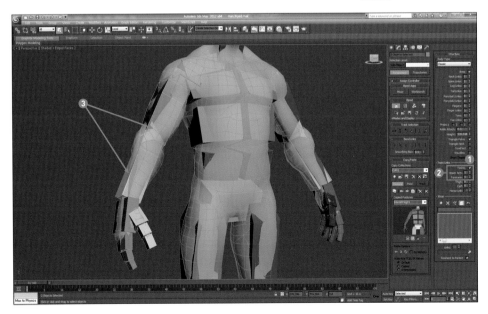).

바이패드는 ❶ ~⓮ 의 순서대로 작업하는 것이 좋습니다. 뼈끼리 연결된 순서가 있기 때문에 세팅 작업을 최소화하기 위해서는 다음의 순서를 반드시 참고해야 합니다.

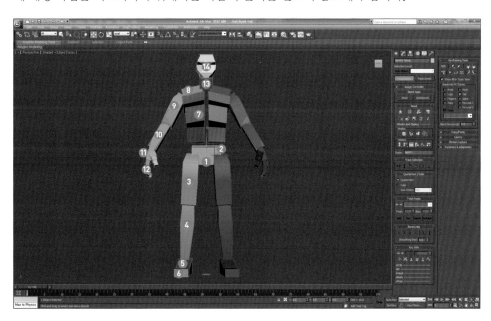

② 스킨(Skin)

캐릭터를 선택하려고 하지만 선택되지 않을 것입니다. 이번 작업에서는 바이패드 세팅 전에
했던 Freeze 기능을 해제해보겠습니다. 마우스 오른쪽 버튼을 클릭하여 쿼드 메뉴를 생성합
니다. 그리고 [UnFreeze All]을 클릭하여 기능을 해제하여 캐릭터를 선택할 수 있게 만듭니
다. 그러면 트위스트 본도 언프리즈되어 같이 선택할 수 있습니다.

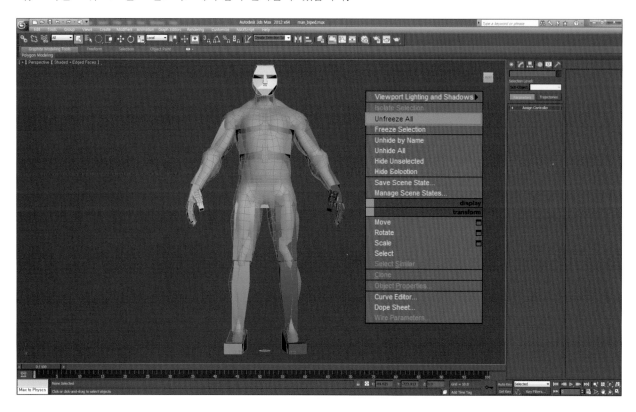

이제 바이패드를 면이 아닌 박스처럼 보이게 하는 간소화 작업을 진행합니다. 이 작업을 해
야 이후 스킨 작업을 편하게 할 수 있습니다.

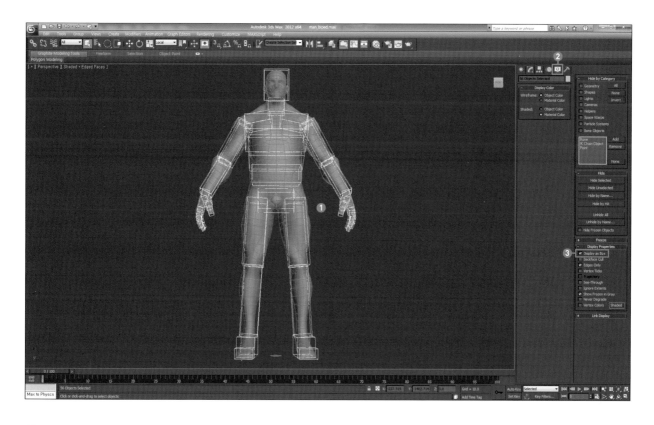

① COM 또는 Pelvis를 더블클릭하여 바이패드를 전체 선택합니다.

② Display 커맨드 패널로 이동합니다.

③ Display Properties 메뉴에서 Display as Box를 체크하여 단순하게 보여줍니다.

스킨 작업을 본격적으로 진행하기 전에
Alt + X 를 눌러 캐릭터의 반투명 상태를
해제하고 ① 뷰포트에서 재질이 보이지 않
도록 OFF 상태로 만듭니다(② 적용된 재질
입니다). 이렇게 하면 스킨 작업 시 컬러를
더욱 명확하게 볼 수 있어 편리하게 작업이
가능합니다. ③ 은 뷰포트상에서 매핑 이미
지를 표현하는 ON/OFF 기능입니다.

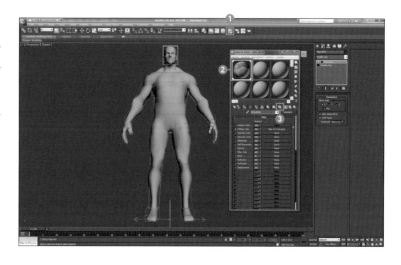

캐릭터 모델링에 스킨 기능을 입력하겠습니다.

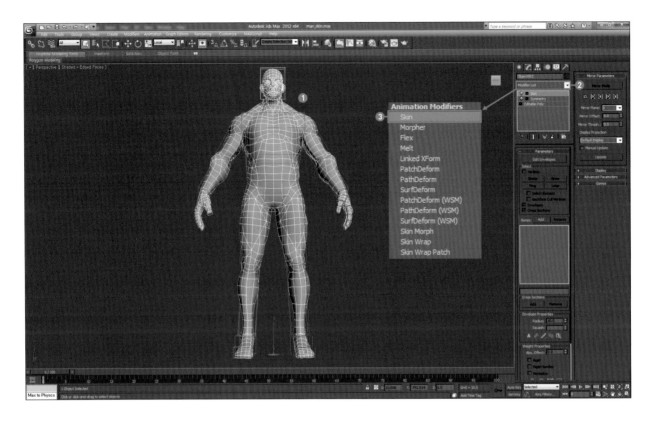

① 캐릭터 모델링을 선택합니다.

② 모디파이어 리스트를 클릭합니다.

③ 모디파이어 리스트에서 Skin을 클릭합니다.

스킨 모디파이어 스택에 바이패드 정보를 등록해야 합니다.

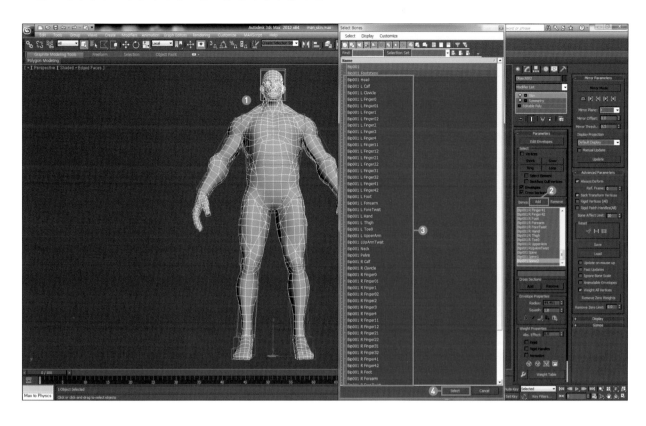

❶ 캐릭터 모델링을 선택합니다.

❷ [Add] 버튼을 클릭합니다.

❸ Select Bones 창이 열리며, 화면에 보이는 바이패드 목록들이 나열되어 있는 것을 볼 수
  있습니다. Bip001, Bip001 Footsteps(간혹 보이지 않는 경우도 있음)을 제외한 나머지 본
  을 선택합니다. Twist 본도 반드시 선택합니다.

❹ [Select] 버튼을 클릭하면 다음과 같이 본이 추가됩니다.

 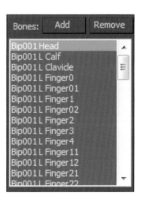

3 스킨 엔빌롭(Skin Envelopes)

스킨 작업을 조금 더 편하게 하려면 미리 세팅되어 있는 애니메이션 파일을 불러와서 진행합니다. 번거로운 작업이 많기에 최대한 시간을 절약하는 데 목적이 있습니다.

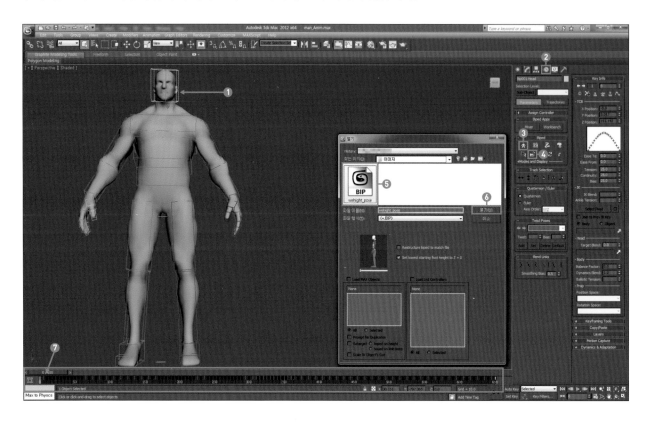

① 바이패드의 일부를 선택합니다.

② Motion 패널( )로 이동합니다.

③ 피겨 모드( )가 반드시 애니메이션 모드로 되어 있어야 합니다( ).

④ Load File( )을 이용해 로드창을 활성화합니다.

⑤ 'wehight_pose' 파일을 선택합니다.

⑥ [열기] 버튼을 클릭합니다.

⑦ 바이패드를 선택하면 타임라인에 애니메이션 키가 생성된 것을 확인할 수 있습니다. 이렇게 하면 슬라이더 바를 이용하여 스킨 작업을 진행하면서 실시간으로 포즈를 확인할 수 있으므로 시간을 많이 단축시킬 수 있습니다.

스킨 작업은 크게 두 가지 과정으로 분류됩니다.

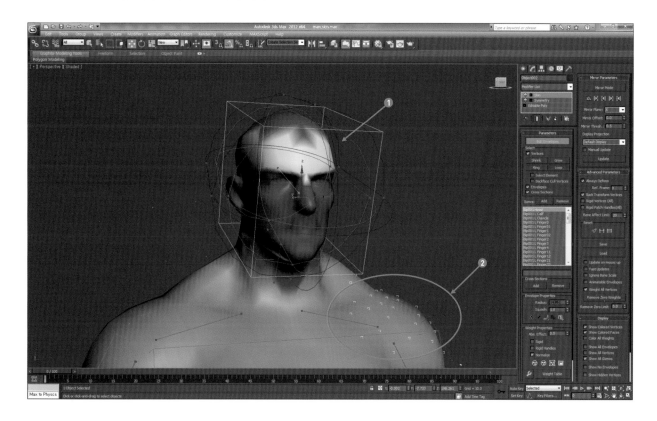

❶ 단면(CrossSections)과 엔빌롭(Envelopes) 범위 설정을 위한 1차 가중치 값(Weight) 작업
입니다.

❷ 점(Vertices)과 Abs. Effect 웨이트 설정을 위한 2차 가중치 값(Weight) 작업입니다.

간단한 캐릭터라면 바로 버텍스 웨이트로 진행하지만 면 수가 많은 캐릭터라면 먼저 엔빌롭
작업을 하고 부족한 부분은 버텍스 작업으로 마무리합니다.

이번 장에서는 엔빌롭 위주로 먼저 살펴보고 세부적인 버텍스 웨이트 작업은 다음 장에서
알아보겠습니다. 메뉴는 작업의 편의상 특이 상황이 아닌 이상 필요에 따라 살펴보겠습니다.

> **TIP**
>
> 엔빌롭(Envelopes)과 버텍스 웨이트(Vertices Weight)에 정해진 수치 값은 없습니다. 모델링 또는 작업
> 자의 설정에 따라 제각각 다르게 설정될 수 있기 때문에 순수하게 작업자의 역량에 많은 영향을 받게 됩
> 니다.

우선 스킨을 진행하기 전에 엔빌롭에 대해 이해해야 할 부분이 있습니다.

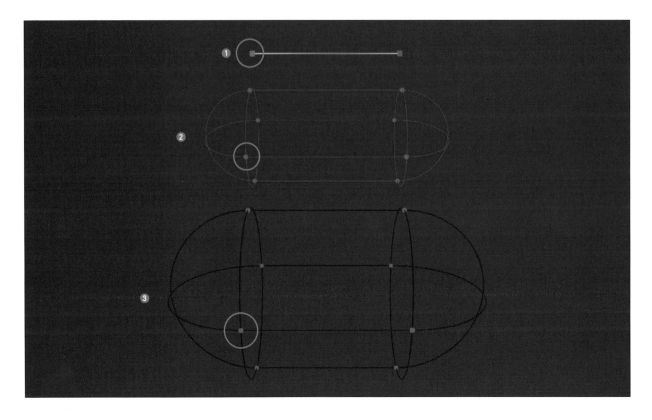

① 엔빌롭(Envelopes)이라 하며, 선을 선택하면 노란색으로, 포인트 점은 핑크색으로 표현되며 엔빌롭의 길이를 조절합니다. 또한 한 개 이상의 포인트는 선택되지 않습니다.

② 단면(Iner CrossSections)이라 하며, 메쉬에 가중치 값(Weight)을 많이 받게 하는 구역입니다. 최대값은 1.0(100%)을 의미하며 강한 가중치 값을 가질수록 메쉬의 색은 붉게 표현됩니다. 주로 위의 그림에 표시한 포인트 점으로 조절합니다. 또한 한 개 이상의 포인트는 선택되지 않습니다.

③ 단면(Outer CrossSections)이라 하며, 메쉬의 가중치 값(Weight)을 점점 감소해 약하게 하는 구역입니다. 최소값은 0.001(0%)에 가까운 가중치 값을 의미하며 주로 메쉬가 푸른색으로 표현됩니다. 주로 위의 그림에 표시한 포인트 점으로 조절합니다. 또한 한 개 이상의 포인트는 선택되지 않습니다.

다음은 편하게 보기 위해 잡다한 크로스섹션(CrossSections)과 본(Bones)은 숨겨놓은 상태입니다. 아직 본의 애니메이션이 적용되지 않았습니다.

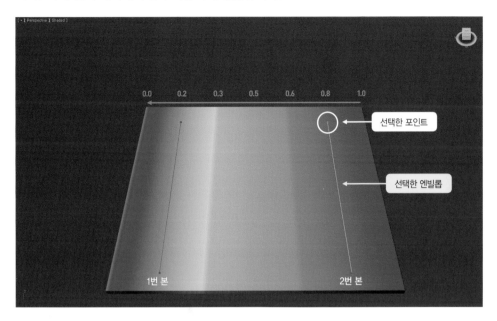

다음은 잡다한 크로스섹션과 본을 숨겨놓은 상태입니다. 2번 본에 애니메이션이 적용되어 있습니다. 붉은색 부분은 선택한 엔빌롭의 웨이트가 강하기 때문에 많이 따라오는 반면 푸른색 부분은 엔빌롭의 웨이트가 약해 거의 따라오지 않습니다.

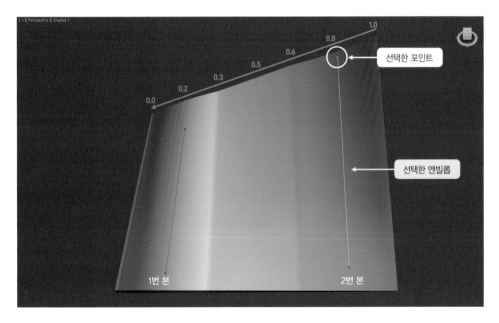

이제 본격적으로 스킨 작업을 진행해보겠습니다. 먼저 <kbd>Edit Envelopes</kbd> 버튼을 클릭합니다.

단축키 [1]을 누르면 다음과 같이 엔빌롭이 보이면서 다양한 색상이 나타납니다. 우선 각 포인트를 이용하여 단면(CrossSections)의 크기를 얼굴 본의 크기만큼 적절히 머리 위주로 붉은색이 나오도록 조절합니다. 현재 이마 부분에 노란색 띠가 있지만 다른 부위의 엔빌롭에 영향을 받고 있기 때문에 추후 작업을 진행하면 점차 나아질 것입니다.

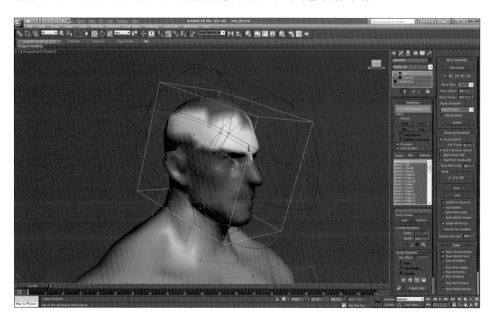

목은 다음과 같이 얼굴(턱) 부위를 과도하게 침범하지 않는 것이 좋습니다. 자칫 고개를 숙이거나 좌우로 돌릴 때 턱이 늘어나버리는 경우가 발생할 수 있습니다. 쇄골과 승모근도 적당히 조절합니다.

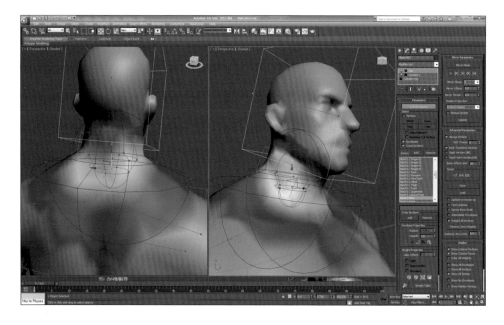

Spine2 부분은 전체 몸에서 가장 큰 부분을 차지하고 있기 때문에 넉넉히 공간을 잡는 것이 좋습니다. 특히 토르소가 움직일 때 자연스럽게 곡선을 유지해야 하므로 붉은색에 치중하는 것보다 주황색이나 노란색 계열로 섞이게 하는 것이 좋습니다.

스킨의 엔빌롭은 좌우 복사, 붙여넣기 기능이 있지만 아쉽게도 머리, 목, 가슴, 옆구리, 허리, 골반처럼 몸의 가운데 위치한 부분의 엔빌롭과 크로스섹션은 좌우 복사 기능이 적용되지 않으므로 ①, ②의 기능을 이용하여 좌우 대칭을 사용합니다.

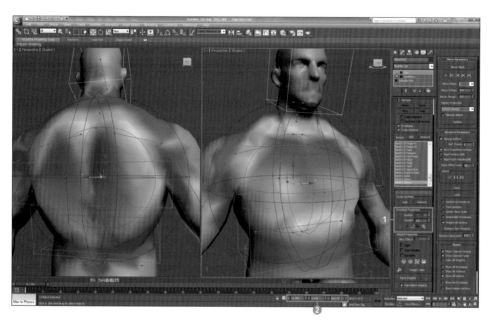

엔빌롭의 좌우를 복사할 때는 ①의 포인트를 선택한 후 Envelope Properties 창의 Radius의 수치값을 복사하고 ②의 포인트를 선택하여 Radius에 붙여넣는 식으로 좌우 대칭값을 만들 수 있습니다.

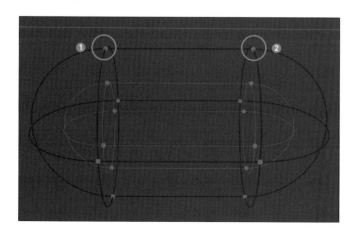

엔빌롭은 프론트뷰에서 **①**이 좌표의 음수값을 표현하며, **②**가 양수값을 표현하므로 좌우를 같게 하기 위해서 **①**을 선택한 후 X축의 값을 복사하고, **②**를 선택한 후 양수값 수치로 붙여넣기합니다(예 **①** : X -1.798 복사, **②** : X 1.798 붙여넣기).

팔에 웨이트가 많이 가지 않게 옆구리 부위의 영역을 줄입니다.

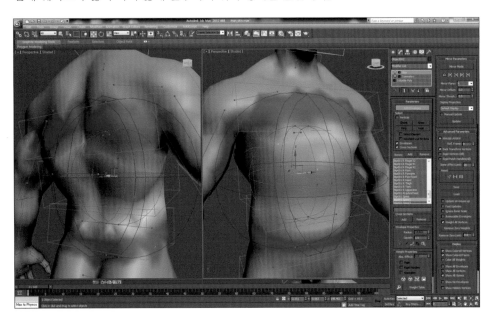

허리 역시 복부만을 붉은색으로 대략적으로 잡아줍니다.

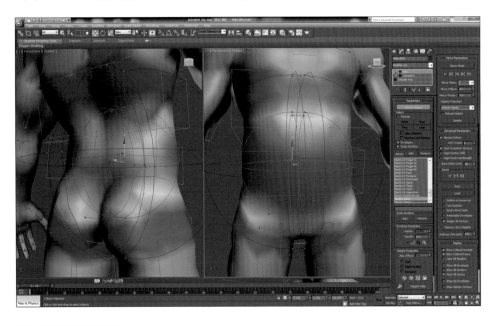

골반의 경우 다리에 영향이 갈 수도 있으므로 엔빌롭 선의 Z축을 좀 더 위로 올려서 적절한 영역을 잡아도 됩니다. 만약 골반이 너무 약해보인다면 Iner CrossSections의 범위를 더 늘려도 됩니다.

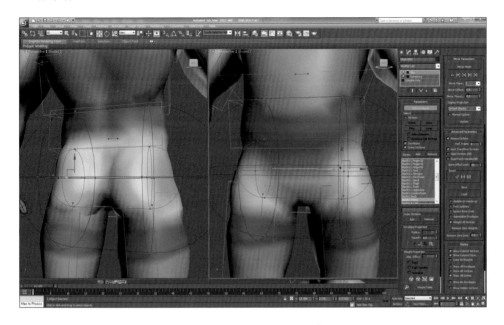

허벅지는 대퇴골과 무릎 관절이 잘 접히는지 신경 쓰면서 대략적으로 잡아줍니다. 특히 골반을 세팅하는 것이 어려운데, 엔빌롭으로 작업이 잘 되지 않더라도 2차 버텍스 웨이트 작업이 있으니 너무 걱정할 필요는 없습니다.

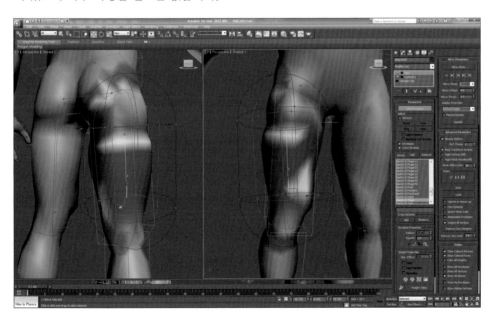

정강이 또한 무릎과 발목이 잘 움직일 수 있도록 적정한 위치와 크기를 지정합니다.

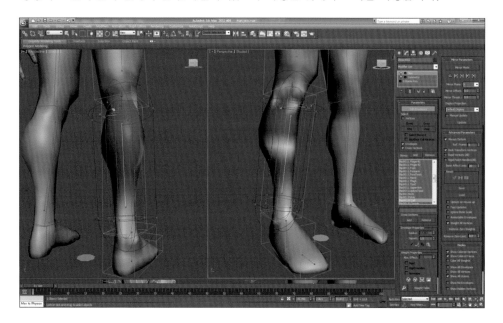

발은 상하좌우로 움직이므로 정강이가 과도하게 변형되지 않도록 발목 위치를 적절히 잡아
주고, 발 앞꿈치를 너무 많이 침범하지 않도록 합니다.

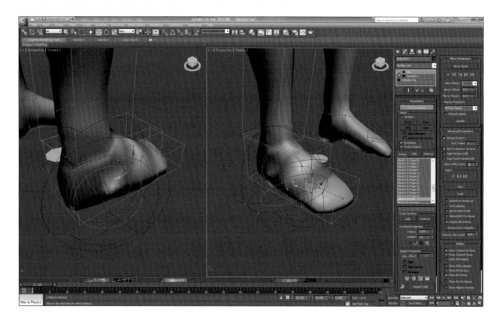

발 앞꿈치도 발의 모양이 많이 변형되지 않을 정도로 잡아줍니다.

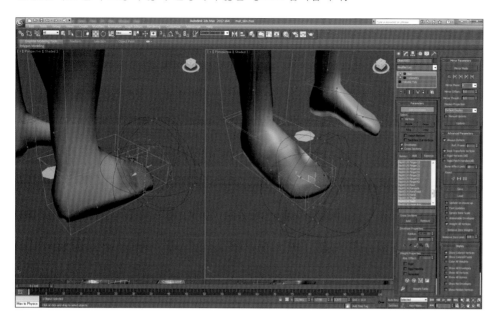

어깨는 난이도가 높은 구간입니다. 그림에서 보이는 만큼 어깨를 움직일 때를 생각하며 대략적으로 세팅합니다. 특히 팔을 움직일 때 옆구리(광배근)가 함께 변형되는 것을 볼 수 있는데, 아직 팔을 세팅하지 않아서 그런 것이므로 너무 걱정하지 않아도 됩니다.

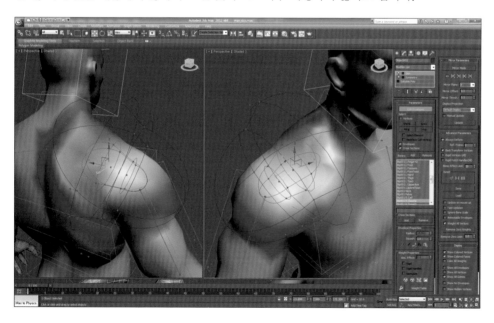

위팔의 경우 UpperArm 본과 UpArmTwist 본을 추가하여 엔빌롭 2개가 서로 겹쳐 있으며, 뷰를 확대해야 자세히 확인할 수 있습니다.

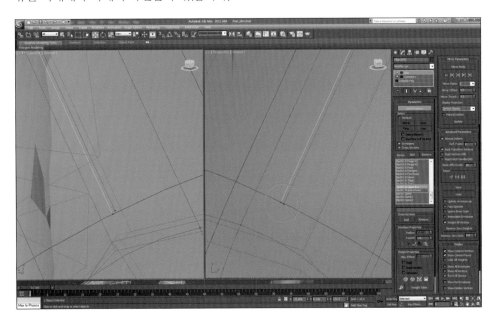

UpperArm은 주로 팔을 접고 펴는 목적이므로 팔꿈치와 근접한 부위인 ❶에 엔빌롭의 위치를 조절합니다. UpArmTwist는 주로 회전하고 비틀리는 경우가 많으므로 어깨와 근접한 부위인 ❷에 엔빌롭의 위치를 조절합니다. 여기에서 UpperArm, Forearm은 팔꿈치와 근접한 부위에 UpArmTwist, ForeTwist는 회전 각도가 큰 어깨와 손목에 위치시킵니다.

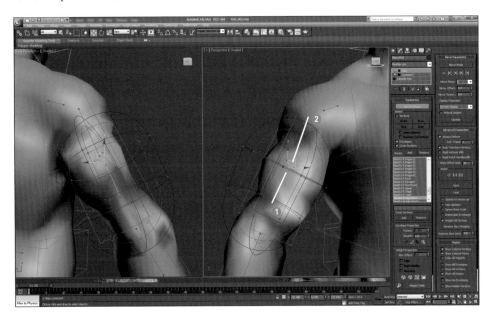

앞서 언급했듯이 Forearm은 팔을 접고 펴는 목적이므로 팔꿈치와 근접한 부위인 ❶에 엔빌롭의 위치를 조절합니다. ForeTwist는 주로 회전하고 비틀리는 경우가 많으므로 손등에 근접한 부위인 ❷의 위치로 조절합니다. 이렇게 하면 어깨와 손목이 회전할 때 피부가 자연스럽게 비틀리는 느낌을 표현할 수 있습니다.

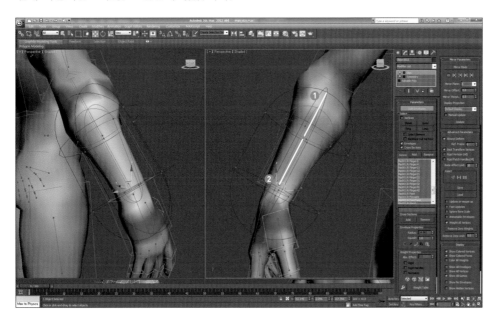

손등을 너무 손의 위치에 맞추는 것보다 손목의 살짝 윗부분까지 영역을 잡아야 피부의 비틀림을 자연스럽게 유지할 수 있습니다.

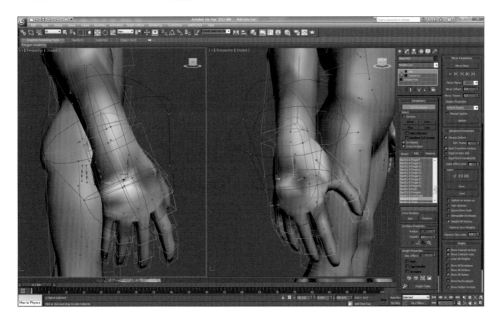

손가락은 마디마다 적정한 크기로 엔빌롭을 잡아줍니다. 만약 손가락 사이가 가까우면 엔빌롭으로 처리하기 어려울 수도 있습니다. 그럴 때는 버텍스 웨이트 작업으로 진행하는 것이 더 빠를 수 있습니다.

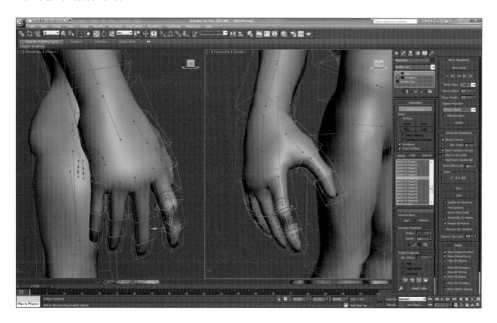

이제 머리, 목, 흉상, 골반은 엔빌롭 작업이 대략 마무리되었습니다. 하지만 다음과 같이 오른 다리, 오른 팔은 기본 엔빌롭 작업이 되었지만 나머지 왼 다리, 왼 팔은 아직 미완성 단계입니다.

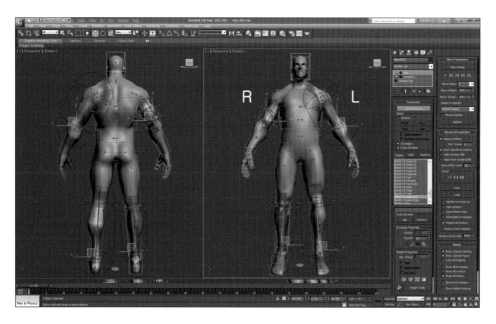

스킨 기능 중 좌우 복사 기능을 사용하여 마무리하겠습니다. 우선 스킨의 복사 기능의 메뉴부터 확인하겠습니다. 다음은 스킨 작업 시 엔빌롭과 버텍스 웨이트 값을 좌우로 복사해주는 미러 모드 메뉴입니다.

-  **Mirror Mode** : 미러 모드를 활성화하여 복사, 붙여넣기하는 메뉴입니다.

- **Mirror Paste** : 선택한 엔빌롭 및 버텍스를 복사, 붙여넣기하는 메뉴입니다.

- **Paste Green to Blue Bones** : 오른쪽(녹색) 엔빌롭을 복사하여 왼쪽(파란색) 엔빌롭에 붙여넣기하는 메뉴입니다.

- **Paste Blue to Green Bones** : 왼쪽(파란색) 엔빌롭을 복사하여 오른쪽(녹색) 엔빌롭에 붙여넣기하는 메뉴입니다.

- **Paste Green to Blue Vertex** : 오른쪽(녹색) 버텍스를 복사하여 왼쪽(파란색) 엔빌롭에 붙여넣기하는 메뉴입니다.

- **Paste Blue to Green Vertex** : 왼쪽(파란색) 버텍스를 복사하여 오른쪽(녹색) 버텍스에 붙여넣기하는 메뉴입니다.

- **Mirror Plane** : X, Y, Z축을 기준으로 복사, 붙여넣기하는 메뉴입니다.

- **Mirror Offset** : 복사하는 Mirror Plane(기준선)의 위치를 변경하는 메뉴입니다.

- **Mirror Thresh** : 기준값의 수치를 높여 안정적인 복사 작업을 할 수 있는 메뉴입니다.

- **Display Projection** : 뷰포트상의 버텍스 표시 방법을 결정하는 메뉴입니다.

- **Manual Update** : 체크할 경우 Mirror Plane, Mirror Offset, Mirror Thresh의 변화 과정을 수동으로 업데이트할 수 있는 메뉴입니다.

엔빌롭 마지막 작업으로 스킨 미러 모드(Mirror Mode)를 이용한 엔빌롭 좌우 복사를 진행하
겠습니다.

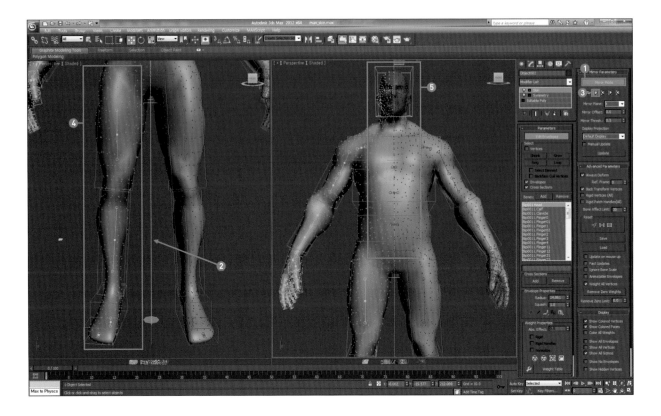

❶ [Mirror Mode] 버튼을 클릭합니다. 그림과 같이 미러 플레인(주황색 판넬)이 생성이 됩
니다.

❷ 여기서는 오른쪽을 기준으로 작업을 진행하므로 오른쪽(녹색) 엔빌롭을 복사하여 왼쪽
(파란색) 엔빌롭에 붙여넣기 버튼( )을 클릭합니다.

❸ 뷰 이미지와 같이 오른쪽(녹색) 엔빌롭이 왼쪽(파란색) 엔빌롭에 적용된 것을 볼 수 있습
니다.

아쉽게도 머리, 목, 척추, 골반은 엔빌롭 자체가 붉게 나오기에 좌우 복사 기능이 적용되지
않습니다. 그렇기 때문에 처음 좌우 작업 시 마무리를 한 것입니다.
이제 엔빌롭 작업은 마무리되었습니다. 하지만 엔빌롭은 면 수가 많거나 대략적인 영역을
좀 더 쉽게 작업하기 위해 진행하는 것일 뿐, 관절 등 디테일한 부분을 진행하는 데에는 한
계가 있습니다. 대신 엔빌롭을 꼼꼼히 할수록 버텍스 웨이트 작업을 보다 수월하게 진행할
수 있습니다.
1차는 엔빌롭 작업에서 마무리하고 2차는 버텍스 웨이트 작업을 진행하여 최종적으로 마무
리하겠습니다.

스킨 작업을 진행하기 전에 먼저 미러 모드(Mirror Mode)를 활성화하여 미러 플레인(Mirror Plane)이 캐릭터의 중앙에 위치하는지 확인합니다. 그러면 중간에 스킨 작업을 다시 진행하는 불필요한 시간을 줄일 수 있습니다.

❶의 그림과 같이 본의 엔빌롭 색이 녹색과 파란색으로 명확하게 구분되지 않고 ❷의 그림처럼 본의 엔빌롭 색이 붉은색으로 나올 경우 미러 오프셋(Mirror Offset:)의 수치를 조절하여 미러 플레인을 최대한 캐릭터의 중앙에 위치시켜 ❶의 그림과 같이 정상적인 색이 나오도록 해야 합니다.

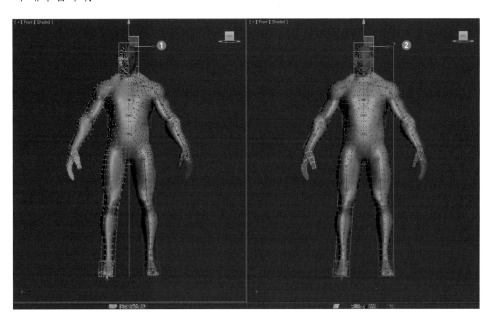

간혹 미러 플레인을 강제로 맞춰도 좌우 복사가 잘 되지 않는 경우가 있으므로 작업 진행 전에 먼저 체크하는 것이 좋습니다. 만약 잘 맞지 않는다면 바이패드의 좌우 대칭을 체크한 후 관절을 약간 조정하거나, 캐릭터 모델링에 🔨 아이콘 [Utilities – Reset Xfrom]을 눌러 적용한 후 다시 스킨 작업을 진행하는 것이 좋습니다.

❹ 버텍스 웨이트(Vertices Weight)

버텍스 웨이트 작업을 간단히 진행해보겠습니다.

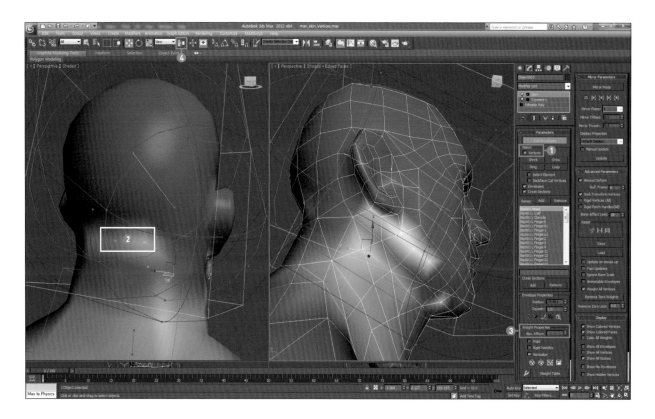

❶ 캐릭터의 버텍스를 선택하기 위해 체크합니다.

❷ 원하는 버텍스를 선택할 수 있습니다.

❸ 원하는 웨이트 값만큼 수치를 입력합니다. 최대 1.0(100%)을 알려줍니다.

❹ Use Selection Center(⬛)를 선택하면 작업할 때 버텍스 위주로 뷰를 돌려보기 편하게 해줍니다.

버텍스를 선택할 때 사용하는 옵션입니다.

-  **Vertices** : 버텍스를 선택하기 위해 체크합니다.

- **Shrink** : 선택한 버텍스의 범위가 축소됩니다.

- **Grow** : 버텍스의 선택 범위가 확장됩니다.

- **Ring** : 버텍스를 수직 방향으로 선택할 수 있습니다.

- **Loop** : 버텍스를 수평 방향으로 선택할 수 있습니다.

- **Select Element** : 버텍스를 덩어리(Element) 단위로 선택할 수 있습니다.

- **Backface Cull Vertices** : 체크 시 보이는 부분의 버텍스만 선택할 수 있습니다.

- **Envelopes** : 체크를 해제하면 엔빌롭을 선택할 수 없습니다.

- **Cross Sections** : 체크를 해제하면 크로스섹션(Cross Sections)을 선택할 수 없습니다.

버텍스의 웨이트 값을 수정하는 메뉴입니다.

- **Abs. Effect** : 버텍스의 웨이트 값을 입력하는 옵션입니다. 버텍스의 웨이트 값은 1.0(100%)이 최고값입니다.

- **Rigid** : 체크 시 선택한 버텍스가 1개의 본에만 웨이트 값을 지정할 수 있는 옵션입니다.

- **Rigid Handles** : 선택한 버텍스가 1개의 본에 영향값을 지정할 수 있는 옵션입니다(미지정).

- **Normalize** : 체크 해제 시 버텍스의 웨이트 값을 불균등 분배하는 옵션입니다.

- **Exclude Selected Verts** : 버텍스에서 선택한 본의 정보를 제외시켜 웨이트 값을 입력하지 못하게 하는 옵션입니다.

- **Include Selected Verts** : 버텍스에서 선택한 본의 정보를 추가하는 웨이트 값을 입력하는 옵션입니다.

-  **Select Exclude Verts** : 버텍스의 선택 정보를 해제하고 엔빌롭의 정보 선택만 유지하는 옵션입니다.

- **Bake Selected Verts** : 버텍스의 웨이트 값을 본에 베이킹, 즉 강제 등록하는 옵션이며 Abs. Effect를 이용하면 자동으로 등록됩니다.

- **Weight Tool** : 버텍스 웨이트 툴이며, 자주 사용하는 메뉴와 수치 값들이 등록되어 있는 도구상자입니다.

다음은 버텍스 웨이트(Vertices Weight) 툴로, 자주 사용하는 메뉴와 수치 값들이 등록되어 있는 도구상자 입니다.

- **Weight Table** : 버텍스 웨이트 값을 테이블 차트로 보게 하는 옵션입니다.

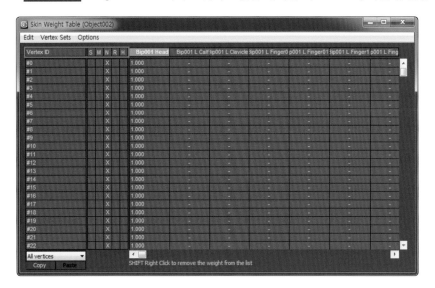

- 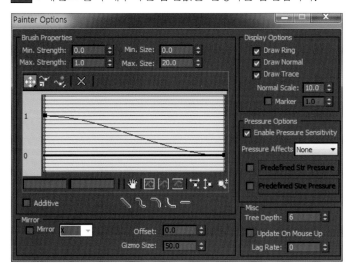 Vertex ID : 해낭 번호 선택 시 뷰포트의 버텍스 주위에 핑크색 서클이 표시됩니다.

- S : 선택한 버텍스를 표시하는 메뉴이며, 버텍스를 선택했을 때 X 로 표시됩니다.

- M : Bake Selected Verts( )과 같은 의미이며, 본의 웨이트 값을 입력 시 X 로 표시됩니다. 그러면 엔빌롭 데이터는 사용할 수 없습니다.

- N : Normalize 와 같은 의미이며, 본의 불균등한 웨이트 값을 설정하는 옵션입니다.

- R : Rigid 과 같은 의미이며, 1개의 본에만 웨이트 값을 입력해주는 옵션입니다.

- H : Rigid Handles 과 같은 의미이며, 본에만 웨이트 값을 입력해주는 옵션입니다(미지정).

- Paint Weights Paint Weights : 페인트 툴을 이용하여 버텍스 웨이트 값을 지정하는 옵션입니다.

- ... : 페인트 툴의 세부적인 옵션값을 변경하는 옵션입니다.

- Paint Blend Weights Paint Blend Weights : 버텍스의 웨이트 값을 부드럽게 블렌드하는 옵션입니다.

본격적으로 버텍스 웨이트(Vertices Weight) 작업을 진행해보겠습니다. 우선 머리(Head) 부위를 진행하겠습니다. 버텍스도 좌우 복사할 수 있으므로 작업할 때는 오른쪽만 진행합니다.

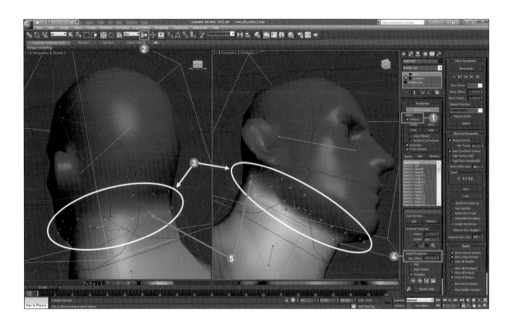

❶ 버텍스를 선택하기 위해 ☑ Vertices 체크합니다.

❷ 뷰를 회전할 때 좀 더 편하게 보기 위해 Use Selection Center(⬛)로 변경합니다. 그러면 선택한 버텍스를 중심으로 뷰를 회전하며 볼 수 있습니다.

❸ 머리 엔빌롭(Head Envelopes)을 선택한 후 턱 라인과 뒷목 부분에 웨이트 값이 약해보이므로 해당되는 버텍스를 선택합니다. 두상 부분은 큰 변형이 없다면 Head Envelopes 상태를 그대로 유지합니다(머리 엔빌롭 작업 영역을 참고합니다).

❹ Abs. Effect 웨이트에 적절한 값을 입력합니다.

❺ 위와 같이 붉게 나오는 것을 볼 수 있습니다. 여기서는 버텍스 웨이트 수치값을 붉은색은 1.0~0.75, 주황색은 0.75~0.5 정도로 설정했습니다. 이렇게 하면 나머지 수치값은 자동으로 목 부분으로 넘어갑니다.

목 엔빌롭(Neck Envelopes)을 선택하여 버텍스 웨이트 작업을 진행하겠습니다.

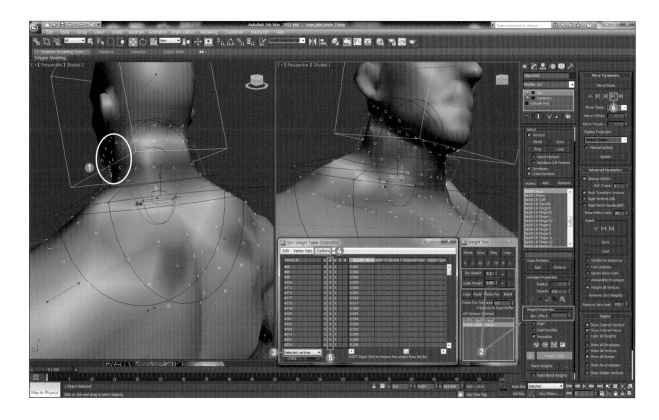

① 뼈를 움직여보며 목이 움직일 때 어색한 부분을 찾아 버텍스를 선택합니다.

② Abs. Effect 또는 Weight Tool(🔧) 버튼을 클릭하여 버텍스 웨이트 작업을 진행합니다.

③ Weight Table(Weight Table) 버튼을 눌러 버텍스 디테일뷰 테이블 창을 보이게 합니다. 기본 메뉴는 All Vertices로 되어 있지만 선택한 버텍스만 보이게 하여 작업의 효율성을 높이기 위해 Selected Vertices(선택한 버텍스만 보이기)로 메뉴를 변경합니다.

④ Options 메뉴에서 Show Affected Bones(버텍스 웨이트 값이 적용된 본만 보이기)를 체크합니다.

⑤ 선택한 버텍스에 Abs. Effect 값을 적용하면 M 아이콘 쪽에 X 표시로 체크됩니다. 그러면 더 이상 엔빌롭에 영향을 받지 않고 버텍스 웨이트 값에만 영향을 받겠다는 의미입니다.

⑥ 필자는 작업 설명을 위해 작업 중간에 좌우 복사 ▶ 아이콘을 클릭하여 복사, 붙여넣기를 했습니다. 또한 중간중간 좌우 복사 작업을 해도 무방합니다.

목의 웨이트 값은 붉은색은 1.0~0.75, 주황색은 0.5, 푸른색은 0.1~0.01 정도의 수치값을 설정했습니다. 특히 주황색과 푸른색의 경우 Clavie과 Spine2에 각각 미세하게 영향을 받는 부위입니다.

발가락 엔빌롭(Toe Envelopes)을 선택한 후 발끝의 Abs. Effect 값을 1.0으로 설정했으며, 발과 발가락의 관절(선택된 버텍스)의 경우 0.5~0.1 정도의 값을 설정하여 관절이 움직일 때 좀 더 자연스럽게 작업을 진행했습니다. 관절에 웨이트 값을 1.0으로 주게 되면 구부릴 때 너무 각이 지는 상황이 발생하기 때문입니다.

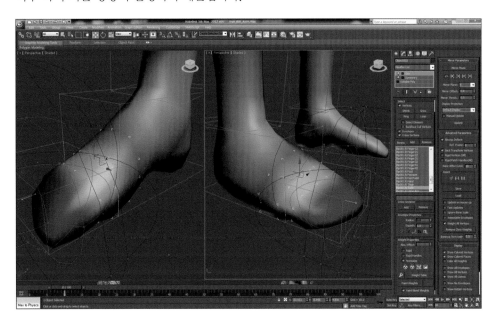

다음은 발을 구부렸을 때의 웨이트 설정을 보여줍니다.

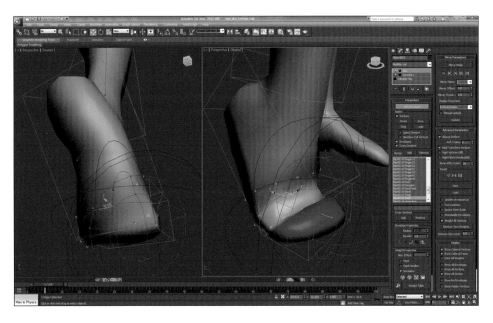

빌 엔빌롭(Foot Envelopes)을 신택한 후 발목의 웨이트 값도 관절(선택된 비텍스)이므로 Abs. Effect 값을 0.5~0.05로 설정했으며, 특히 복사뼈의 경우 작업자의 재량에 따라 적절히 수치 값을 입력하면 됩니다. 여기에서는 0.75 정도의 값을 입력했습니다.

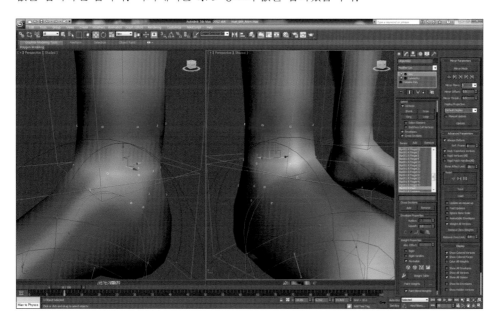

다음은 발을 회전했을 때의 웨이트 설정을 보여줍니다.

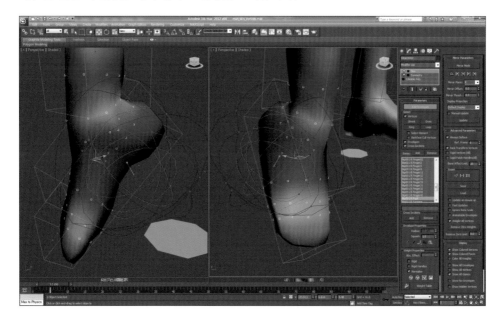

경골 엔빌롭(Calf Envelopes)은 발목보다 약간 복잡할 수 있습니다. 정확히 말하면 경골 부위가 아닌 무릎 관절을 나타냅니다. 무릎 구조 모델링이 어떻게 되어 있느냐에 따라 웨이트 값의 입력이 크게 달라질 수 있습니다. 또한 정강이 엔빌롭(Calf Envelopes)을 선택해서 수정하는 것이 아닌 허벅지 엔빌롭(Thigh Envelopes)도 병행 선택하여 웨이트 값을 지정해야 합니다.

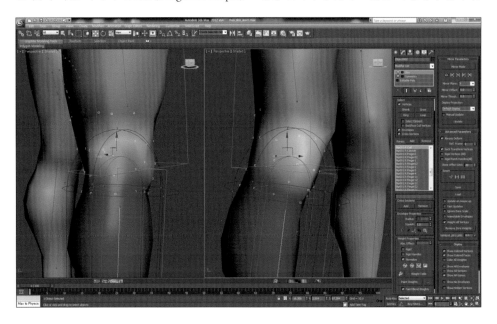

우선 웨이트 값을 일일이 설명할 수 없으므로 다음과 같은 범위의 색으로 작업을 진행하면 됩니다. 다음은 다리를 접었을 때의 웨이트 설정을 보여줍니다.

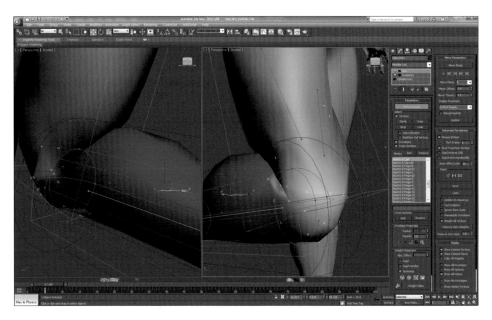

이번에는 버텍스 웨이트를 더욱 편하게 작입할 수 있는 페인트 웨이트(Paint Weight) 기능입니다. 이 기능은 붓으로 터치하는 식으로 버텍스 웨이트 값을 지정할 수 있기에 작업의 속도를 향상시킬 수 있습니다.

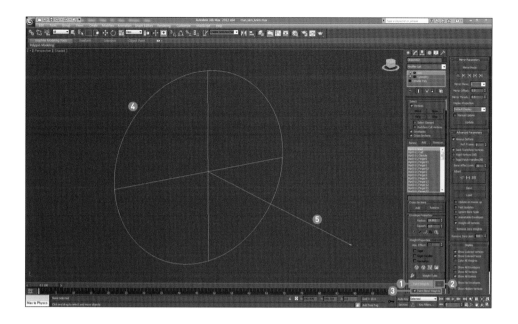

❶ 페인트 웨이트(Paint Weights) 버튼을 클릭합니다. 캐릭터에 브러시 터치를 하며 웨이트 값을 입력합니다. 마우스 왼쪽 버튼을 클릭하면 선택한 엔빌롭에 웨이트 값을 추가합니다. Alt +마우스 왼쪽 버튼을 클릭하면 선택한 엔빌롭에서 웨이트 값을 제외합니다.

❷ Painter Options(...) 버튼은 브러시의 세부적인 옵션 창이며, 필자는 Max.Strength의 수치값을 0.1~0.01 정도로 지정하여 사용합니다.

❸ Paint Blend Weights **Paint Blend Weights :** 버텍스의 웨이트 값을 부드럽게 블렌드하는 옵션입니다. 필자의 경우 체크 해제하여 OFF 상태로 만듭니다.

❹ 브러시의 Radius 크기를 조절하며, Ctrl + Shift +마우스 왼쪽 버튼을 클릭하여 실행합니다.

❺ 브러시의 Strength 값을 알려주며, Alt + Shift +마우스 왼쪽 버튼을 클릭하여 실행합니다.

위와 같은 페인트 웨이트 기능은 브러시 기능을 이용하여 각 버텍스의 웨이트 값을 좀 더 수월하게 진행할 수 있습니다.

대퇴골 엔빌롭(Thigh Envelopes)의 경우 인체 중에 난이도가 두 번째로 높은 부분입니다. 이번 작업은 ❶의 기능인 페인트 웨이트 기능을 이용하여 더욱 편하게 작업할 수 있습니다. 대퇴골은 앞뒤 좌우의 움직임의 자유도가 생각보다 높은 부위이므로 Pelvis, Spine Envelopes과 같이 병행 선택하며 신행해야 합니다.

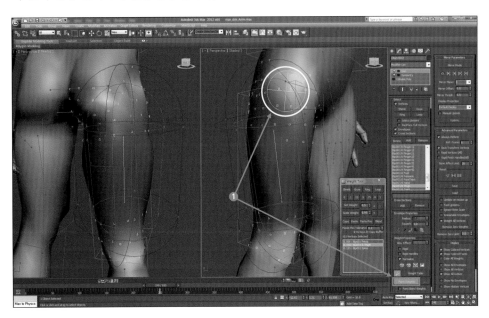

다음은 허벅지를 들어올렸을 때와 접었을 때의 웨이트 설정을 보여줍니다.

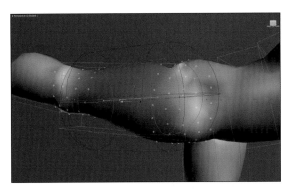
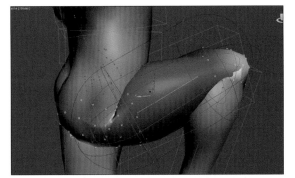
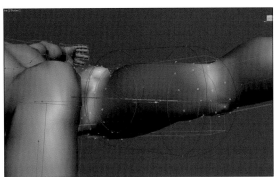
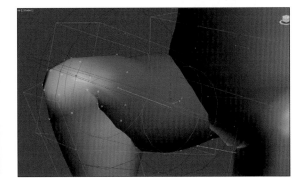

손 엔빌롭(Hand Envelopes)의 경우 손가락에 영향을 받지 않도록 해야 합니다. 또한 아래팔 엔빌롭(ForeTwist Envelopes)에 적정한 웨이트 값을 입력하여 손목을 비틀었을 때 피부의 비틀린 느낌이 자연스럽게 나올 수 있도록 해야 합니다.

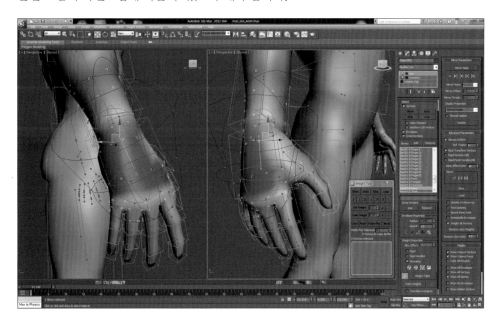

손가락 엔빌롭(Finger Envelopes)은 주먹을 쥐었을 때 모양이 이상하게 변형되지 않도록 웨이트 값을 입력합니다. 1차 엔빌롭 작업을 꼼꼼하게 진행했다면 버텍스 웨이트 값을 크게 변경할 일은 없습니다. 손가락 관절은 모델링에 따라 웨이트 값이 달라지므로 다양한 시도를 해보는 것이 좋습니다.

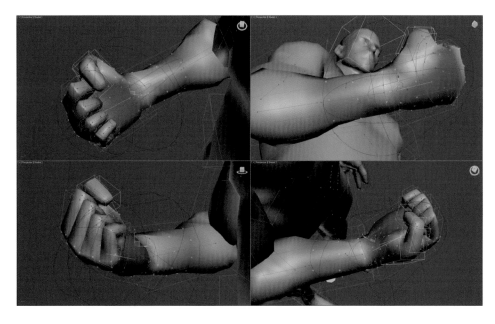

아래팔 트위스트 엔빌롭(ForeTwist Envelopes)은 웨이트 값을 너무 강하게 하면 팔뚝이 과하게 비틀리는 경우가 발생합니다. 또한 손 엔빌롭(Hand Envelopes)과 미세하게 영향을 받아야 손목 부분의 자연스러운 트위스트 효과를 얻을 수 있습니다.

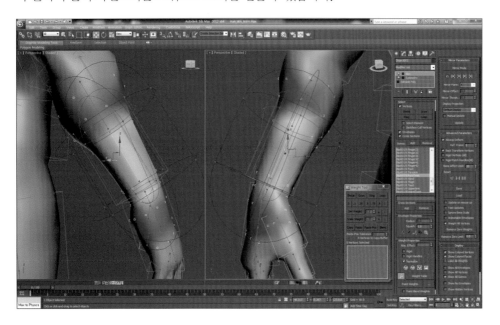

다음은 손을 회전했을 때 팔이 비틀리는 웨이트 설정을 보여줍니다.

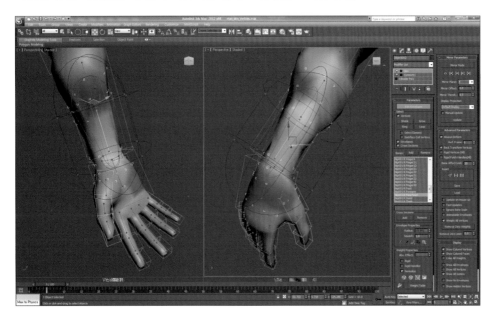

아래팔 엔빌롭(Forearm Envelopes)은 아래팔 전체를 움직이게 하는 부분이므로 웨이트 값은 다음과 같이 붉게 해야 합니다. 그리고 Forearm과 Forarm Twist는 서로 영향을 받기 때문에 사이값에 주황색의 그라데이션을 만들어주어야 합니다.

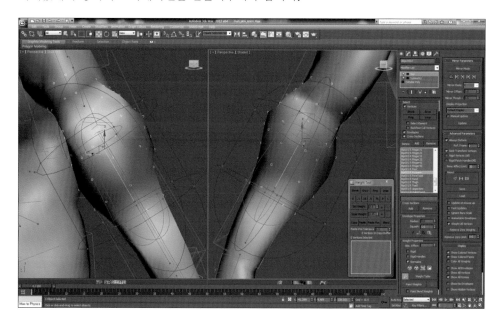

팔을 접었을 때 접히는 부위가 과하게 찌그러지지 않도록 위팔 엔빌롭(UpperArm Envelopes)에도 미세하게 영향을 받게 해야 합니다. 특히 팔꿈치의 경우 원래대로라면 팔꿈치를 잡아주는 본을 따로 리깅해야 하지만 현재 내용과는 적합하지 않으므로 Forearm Envelopes에 많은 영향을 받지 않게 하여 적절한 모양이 나올 수 있도록 작업해야 합니다.

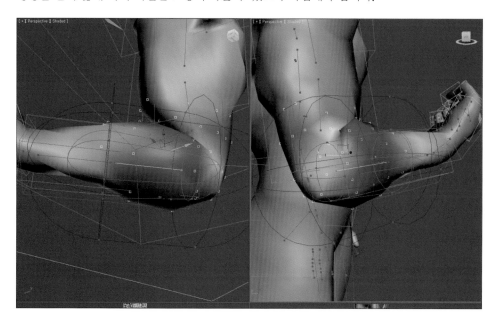

위팔 엔빌롭(UpperArm Envelopes)은 위팔 전체를 관리하므로 위의 그림처럼 웨이트 값을 강하게 주어 팔을 접었을 경우를 생각하며 Forearm에도 적정한 웨이트 값을 분배해야 합니다.

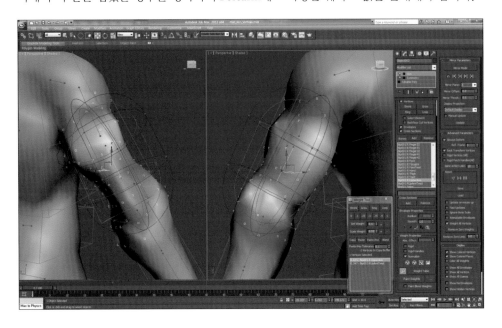

위팔 엔빌롭(UparmTwist Envelopes)은 어깨 엔빌롭(Clavicle Envelopes)과 밀접한 연관성이 있습니다. 버텍스 웨이트 작업을 할 때에는 좀 더 쉽게 하기 위해 페인트 웨이트(Paint weights)기능을 사용하는 것이 효율적이며, 주요 웨이트는 Uparm Twist가 되겠지만 미세하게 Clavicle과 Spine2 Envelopes에도 영향을 받게 해야 팔을 들어올리거나 회전을 했을 때 자연스러운 효과를 얻을 수 있습니다. Uparm Twist와 Clavicle Envelopes이 제일 난이도가 높은 부위입니다. spine2, Upperarm(Twist), Clavicle 세 개의 본이 동시에 접하는 부위이기 때문입니다.

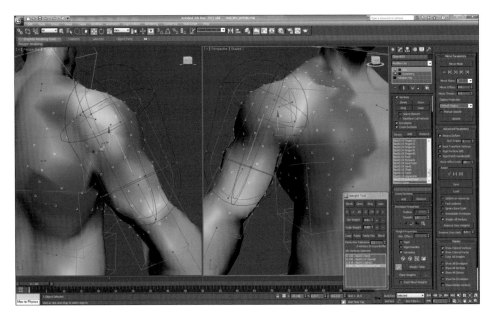

다음은 팔을 들어 올렸을 때의 광배근과 어깨 근육의 웨이트 설정을 보여줍니다.

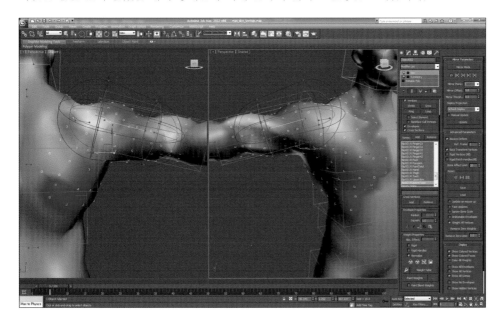

어깨 엔빌롭(Clavicle Envelopes) 또한 UparmTwist Envelopes만큼 난이도가 높습니다. 팔을 들어올렸을 경우를 생각하여 Spine2와 UparmTwist Envelopes을 같이 병행하며 웨이트 값을 적용해야 합니다.

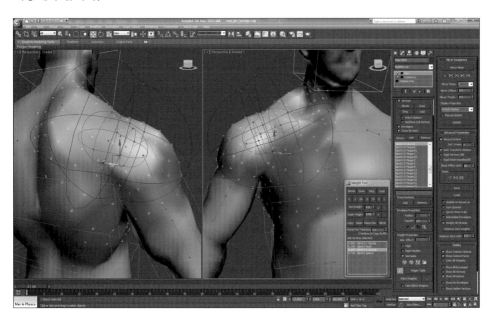

척추2 엔빌롭(Spine2 Envelopes)은 기본적인 엔빌롭 영역에서도 나쁘지 않은 결과물이 나옵니다. Clavicle와 UparmTwist Envelopes 웨이트 값이 적절히 적용되었다면 Spine2의 웨이트 값은 마무리될 수도 있습니다.

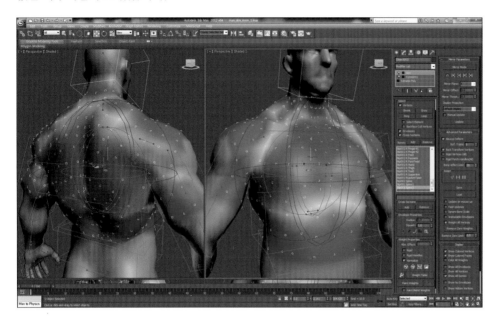

척추1 엔빌롭(Spine1 Envelopes)은 기본 엔빌롭 영역 세팅에서 크게 수정할 사항은 없지만, 포즈를 잡았을 때 어색한 부분이 보인다면 살짝 수정하는 것이 좋습니다. 여기서는 구부렸을 때 약간 어색하므로 Spine2와 Spine Envelopes에 전체적으로 미세한 수치값을 적용했습니다.

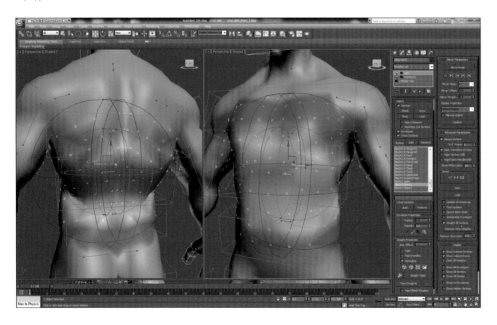

적추 엔빌롭(Spine Envelopes)노 마찬가지로 엔빌롭 영역을 잘 잡았다면 크게 수정할 부위가 없으며, 포즈를 잡았을 때 어색한 부분만 약간 수정하면 됩니다.

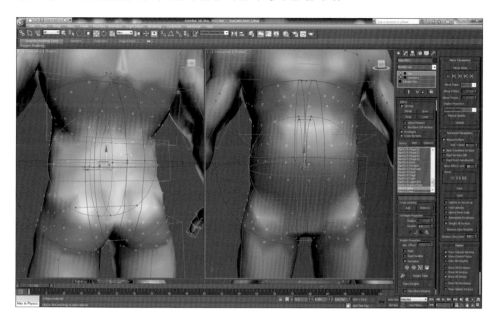

골반 엔빌롭(Pelvis Envelopes)은 Spine과 Thigh Envelopes의 웨이트 값만 제대로 설정했다면 수치상 크게 수정해야 할 것은 없습니다. 만약 이상한 부분이 보인다면 미세하게 조절해 보는 것도 좋습니다.

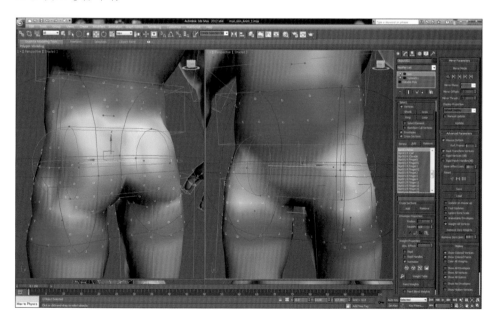

다시 한 번 스킨 미러 모드(Mirror Mode)를 이용하여 버텍스 웨이트 좌우 복사를 마무리하
겠습니다.

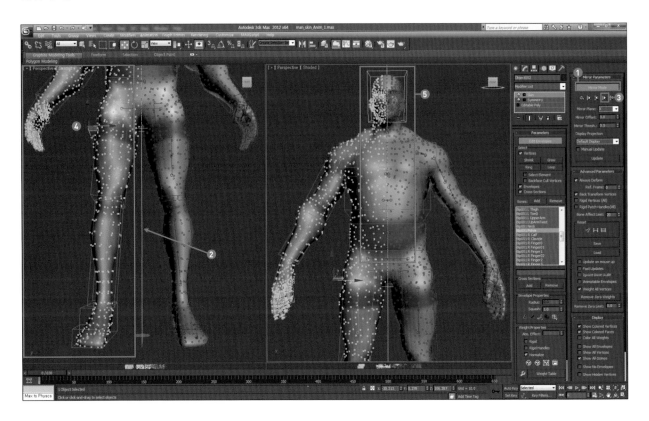

❶ [Mirror Mode] 버튼을 눌러줍니다.

❷ 그림과 같이 미러 플레인이 생성됩니다.

❸ 여기서는 오른쪽을 기준으로 작업을 진행했으므로 오른쪽(녹색) 버텍스 웨이트를 복사하
여 왼쪽(파란색) 버텍스 웨이트에 붙여넣기 버튼(▶)을 눌러줍니다.

❹ 오른쪽(녹색) 버텍스 웨이트가 왼쪽(파란색) 버텍스 웨이트에 적용된 것을 볼 수 있습니다.

❺ 버텍스 웨이트 작업에서는 머리, 목, 척추, 골반 등 가운데 중심선을 제외한 모든 부위의
좌우 대칭을 진행할 수 있습니다. 그렇기 때문에 포즈를 취했을 경우 중심선에 문제가 있
다면 수작업으로 웨이트 값을 입력해야 합니다. 여기서는 좌우 복사에 큰 문제가 없었으
므로 버텍스 웨이트 작업을 마치겠습니다.

캐릭터의 포즈를 잡아 마무리합니다.

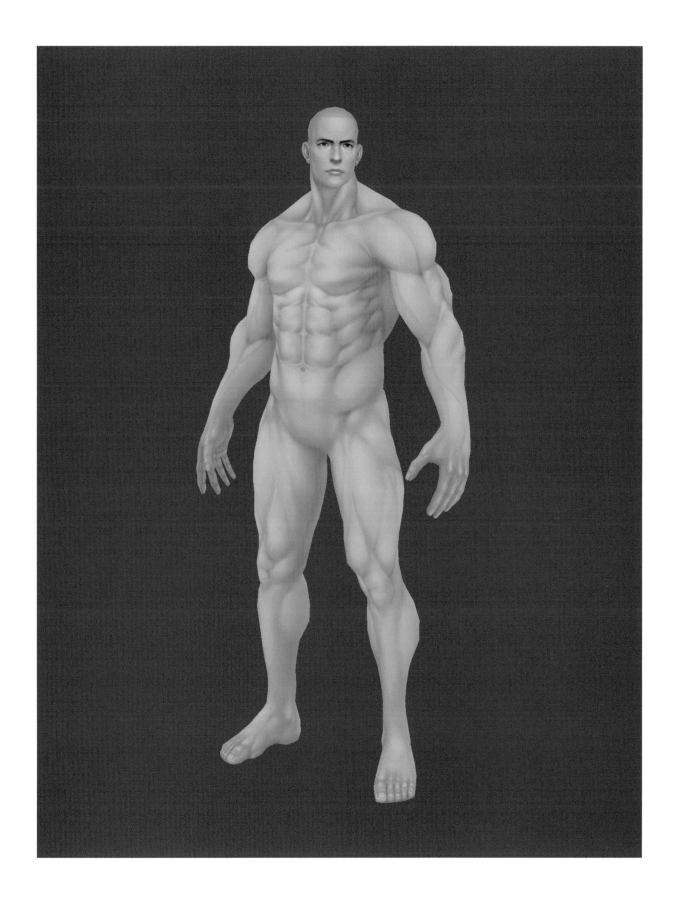

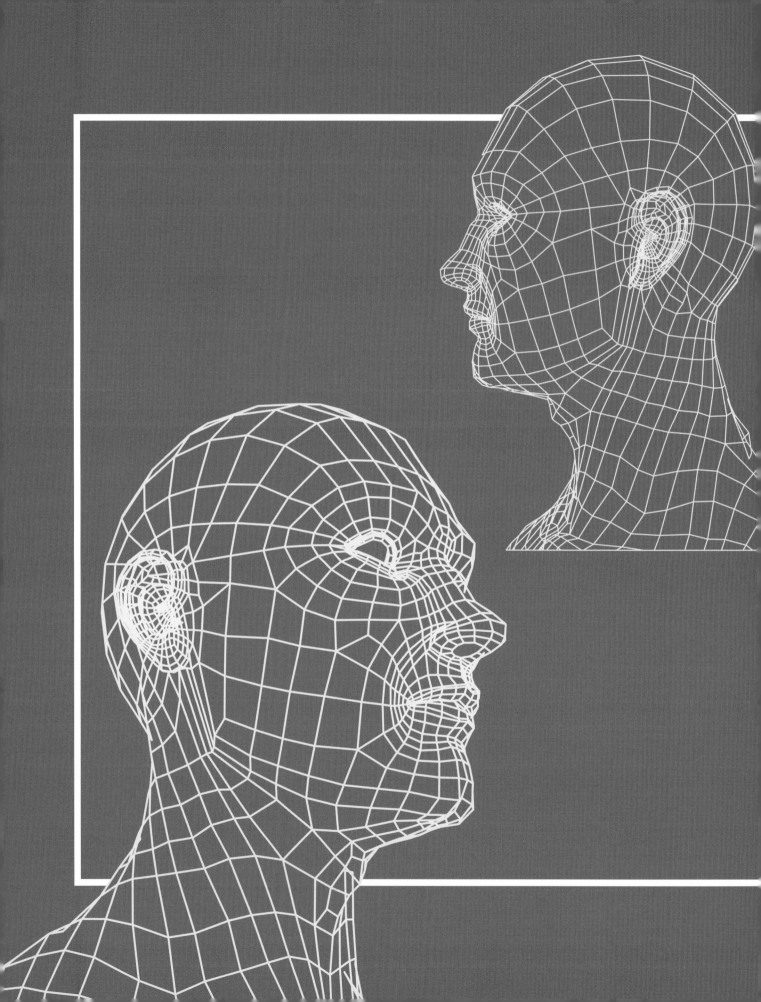

레이아웃

작업을 마치면 아웃풋 작업을 합니다. 손맵은 3D MAX의 뷰포트로 이미지 작업을 마무리하는 경우가 많은 반면, 레이아웃 작업은 렌더링 이미지의 해상도 관리와 결과물의 편집 등 여러 가지 부차적 요소들이 필요합니다. 이번 파트에서는 라이트와 쉐이더 세팅의 조작이 간편한 마모셋 뷰어를 다뤄보겠습니다.

 포즈(Pose)

▼ 예제 파일 : Final_Character

작업을 마치년 결과물을 이미지화하여 레이아웃 작업을 합니다. 홈페이지에 올릴 아웃풋이나 포트폴리오용으로 제출할 이미지를 정리할 때, 노멀 작업물인 경우에는 대부분 엔진샷혹은 마모셋이라는 엔진 뷰어를 사용하며, 손맵 작업물은 3D MAX의 뷰포트에서 세팅하여작업합니다. 하지만 필자의 경우 손맵 작업물을 마모셋 엔진에서 마무리합니다. 작업을 마무리하는 과정과 마모셋을 통해 아웃풋을 만들어내는 방법을 알아보겠습니다.

모델링 작업에 필요한 부분은 앞서 설명했으므로 위의 예제를 만드는 과정은 생략합니다.
완성된 모델링에 스킨 작업을 합니다.

스킨 작업의 유형은 크게 두 가지로 나눌 수 있습니다. 첫 번째는 인게임 내에서의 애니메이
팅을 위한 메인 작업입니다. 포트폴리오 작업을 하는 이유가 포즈를 잡기 위해서이므로 어쩌
면 당연한 이야기라 생각할 수 있습니다. 애니메이션은 빠른 속도로 움직이기 때문에 폴리곤
이 겹치는 부분이 거의 보이지 않습니다. 먼저 바이패드를 통해 큰 포즈를 잡아주고 에디터
블 폴리로 전환합니다. 그다음 스킨 작업을 삭제하고 모델링을 수정하여 마무리합니다.
기본 자세를 비롯한 기본 데이터를 충분히 보여주기 때문에 기본형을 크게 해치지 않는 선
에서 포즈를 잡아놓고 모델링을 수정하는 것은 큰 문제가 없습니다(필자의 의견은 참고하고
각자의 판단에 따라 결정합니다).

포즈를 잡을 때 본을 컨트롤하기 위해 오브
젝트를 선택하고 Alt + X 를 눌러 투명하
게 변경합니다.

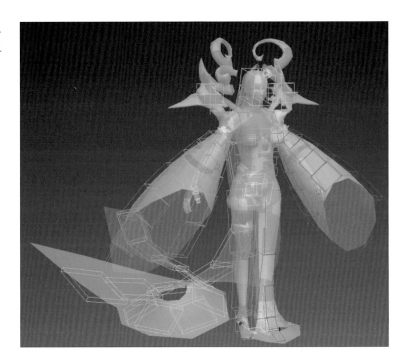

포즈를 잡을 때는 작업한 캐릭터에 어울릴
만한 레퍼런스 이미지를 선별하여 참고합
니다. 포즈를 취했을 때 어색하지 않도록
동세를 고려하는 것이 중요합니다.

적당히 포즈를 잡은 뒤 모델링 수정을 통해
포즈 작업을 마무리합니다.

바디페인터 작업에 앞서 익스포트 작업을
하기 전처럼 마모셋 작업을 하기 위해 Turn
to mesh를 사용하여 폴리곤을 트라이 상태
로 전환시킵니다. 맥스에서의 작업은 여기
서 마무리합니다.

2 마모셋 툴백(Marmoset ToolBag)

마무리 이미지 작업을 할 때 마모셋 뷰어를 사용합니다. 세팅과 조작이 간단한 것에 비해 결과물의 퀄리티가 상당히 높다는 장점이 있습니다.

2-1 마모셋 설치

마모셋 작업을 하기 전에 먼저 마모셋을 설치하겠습니다. 마모셋 홈페이지(https://marmoset.co/)에 접속합니다. 카테고리에서 [TOOLBAG]을 클릭합니다.

사용하는 OS에 맞게 30일 무료 체험 버전을 다운로드합니다.

설치를 진행하면 다음과 같은 창이 뜹니다. 이메일 주소를 입력하고, 해당 이메일 주소로 전송된 메일을 통해 인증을 합니다. 설치가 완료되면 마모셋을 실행합니다.

2-2 마모셋 실행

마모셋을 실행하면 다음과 같은 화면이 뜹니다. 왼쪽 상단의 메뉴에서 [File – Import Model]을 클릭하여 맥스에서 포즈 작업을 마무리한 오브젝트 파일을 불러옵니다.

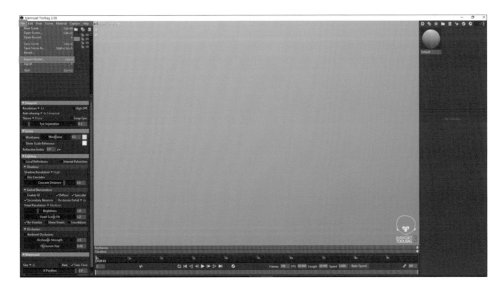

오브젝트 파일을 불러왔습니다.

녹색으로 표시된 Cull Back Faces를 끄면 2side 형태로 뒷면이 보입니다.

왼쪽 상단의 Sky를 클릭하면 나오는 프리셋을 각각 클릭해보면서 분위기에 어울리는 옵션
을 선택합니다.

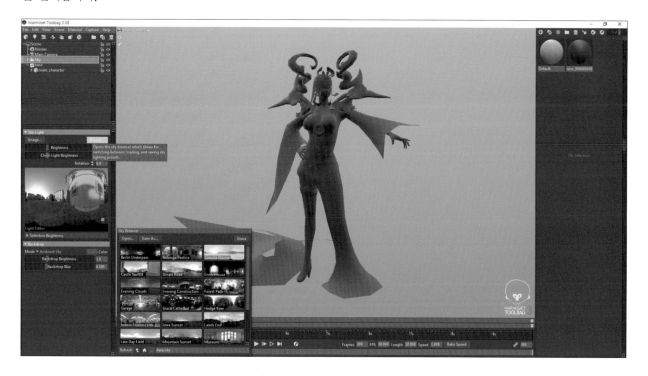

필자의 경우 Main camera에서는 왼쪽에 표시된 field of view를 사용하는데, 가장 밑에 있는
bloom 옵션도 어렵지 않으므로 사용해보는 것도 괜찮습니다. field of view는 원근에 따른 왜
곡의 정도를 조정하는 옵션입니다.

여기서는 프리셋을 Smashed Window로, Brightness를 2로 설정했습니다.

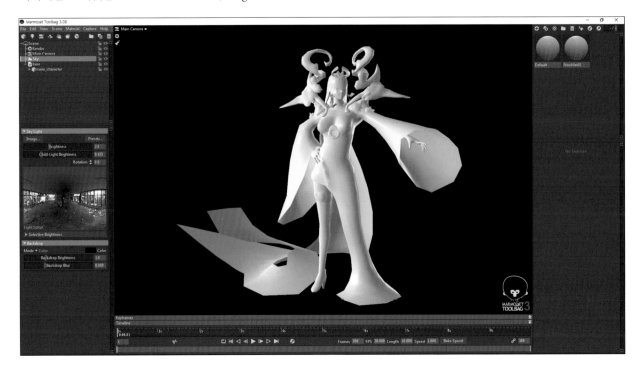

세팅 이후 오른쪽 상단의 매트리얼에서 Diffuse맵을 적용합니다. 매트리얼을 선택하고
Albedo 슬롯에서 적용할 맵을 삽입하고 매트리얼을 드래그하거나 오른쪽 상단의 Apply the
Select( )를 클릭하여 적용합니다.

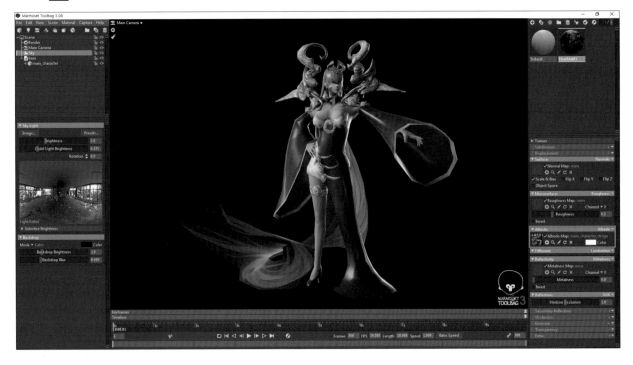

Diffusion 메뉴에서 Lambertian 옵션을 Unlit으로 변경합니다. Unlit으로 변경하면 맥스에서의 플랫뷰 세팅과 똑같이 쉐이딩이 아닌 디퓨즈만 적용된 상태로 바뀝니다.

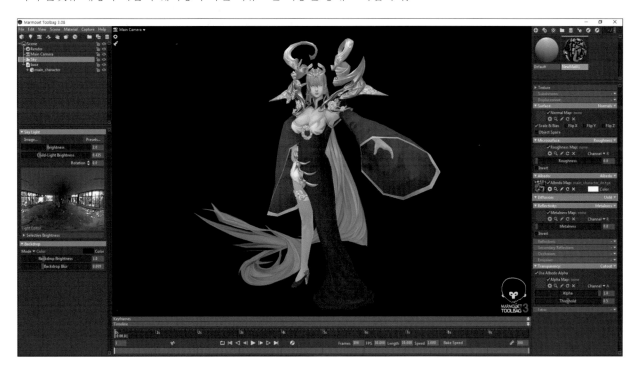

옷의 컬러가 어두우므로 백그라운드 컬러를 Black에서 Gray로 변경하고 왼쪽 상단 메뉴 하단에 있는 Viewport 메뉴에서 Resolution을 1:1에서 2:1로 변경합니다. 해상도가 훨씬 더 선명해집니다(1:1은 작업된 기본 해상도를 반으로 줄인 것으로, 2:1이 원래 가지고 있는 해상도입니다).

2-3 쉐이딩 세팅

Unlit은 매핑 작업을 할 때 사용합니다. 하지만 대부분의 엔진에서는 기본 라이트를 이용한
쉐이딩이 표현됩니다. 따라서 라이트를 이용한 쉐이딩 세팅에 대해 알아보겠습니다. Unlit
메뉴를 Dota Diffuse로 변경하면 그림과 같이 쉐이딩 상태가 됩니다.

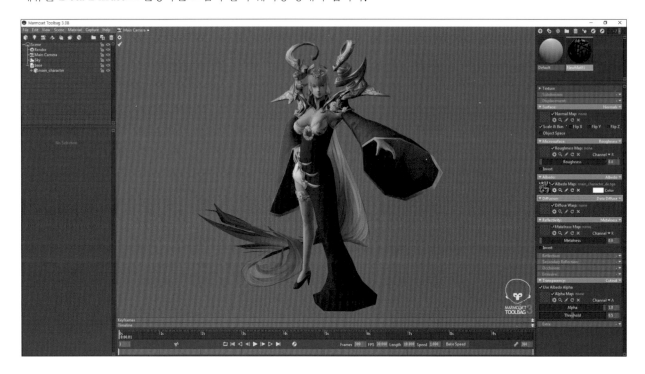

프리셋에서 선택한 이미지의 아무 곳이나 클릭하면 Sky 메뉴 아래에 Sky light 메뉴가 생깁니다.

Sky light 메뉴를 클릭하여 빛 방향을 적당히 맞춰준 후(여기서는 기본 라이트 각도를 보통 전방향 45도 위쪽으로 잡았습니다) Brightness 값을 최대치로 높입니다. 빛이 생각보다 잘 보이지 않으므로 방향을 잡을 때 빛의 세기를 최대치로 설정한 뒤 방향을 잡은 다음 강약을 조정합니다.

라이트 세팅은 기본 3포인트로 하며 주광, 후면광, 역광을 기본으로 세팅합니다.

포인트라이트 세팅이 끝났습니다.

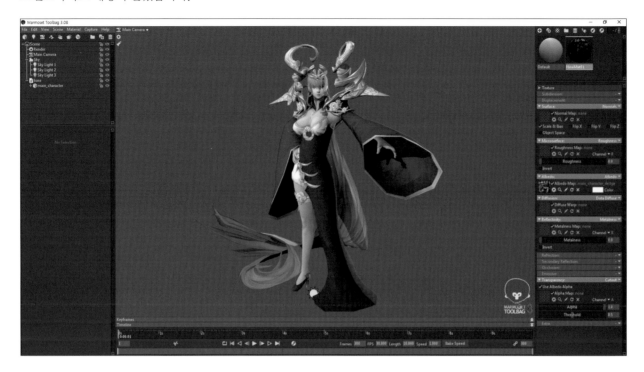

Render 메뉴의 Occlusion 메뉴에서 Ambient Occlusion을 켜고 강약을 조절합니다. 그리고
왼쪽 상단 메뉴의 New Shadow Catcher()를 클릭하여 바닥을 만들고 그림자와 역광을
표현합니다.

이번에는 와이어(Wire) 샷 세팅입니다. 맵소스를 Gray 컬러로 변경하되 알파에 OP맵이 적용된 채널을 적용합니다. 맵을 변경하면 왼쪽의 Scene 메뉴의 Wireframe에 체크합니다. 그러면 그림과 같이 Wireframe이 나타나며 와이어샷을 찍습니다.

TIP

Ambient Occlusion란, 한 장면의 각 점이 앰비언트 라이팅에 얼마나 노출되어 있는지를 계산하기 위해 사용되는 셰이딩 및 렌더링 기법을 말합니다. 쉽게 말해, 라이트에 노출된 음영이라고 생각하면 됩니다.

2-4 이미지 출력

마지막으로 이미지 출력에 대해 알아보겠습니다. 메뉴에서 [Capture – Setting]을 클릭합니다.

다음과 같이 Image에서 사이즈를 지정할 수 있으며, Format에서 필요한 확장자를 선택해주
는데 기본적으로 PNG로 설정되어 있습니다. Transparency를 클릭하면 이미지를 배경과 분
리하여 캡처할 수 있습니다.

Transparency를 켜서 배경과 분리해 뽑은 이미지입니다.

Transparency를 켜지 않고 전부 다 뽑은 이미지입니다.

찾아보기